16차시 플러스 8차시 더!

초판 발행일 | 2024년 8월 20일
지은이 | 해람북스 기획팀
펴낸이 | 최용섭
총편집인 | 이준우
기획진행 | 김미경
표지디자인 | 김영리

주소 | 서울시 용산구 한남대로 11길 12, 6층
문의전화 | 02-6337-5419
팩스 | 02-6337-5429
홈페이지 | https://class.edupartner.co.kr

발행처 | ㈜미래엔에듀파트너
출판등록번호 | 제2020-000101호

ISBN 979-11-6571-202-0 13000

이 책은 저작권법에 따라 보호받는 저작물이므로 무단전재와 무단복제를 금지하며, 이 책 내용의 전부 또는 일부를 이용하려면 반드시 저작권자와 ㈜미래엔에듀파트너의 서면동의를 받아야 합니다.

※ 잘못된 책은 바꾸어 드립니다.
※ 책 가격은 뒷면에 있습니다.

상담을 원하시거나 아이가 컴퓨터 수업에 참석할 수 없는 경우에 아래 연락처로 미리 연락주시기 바랍니다.

★ 컴퓨터 선생님 성함 : _____   ★ 내 자리 번호 : _____

★ 컴퓨터 교실 전화번호 : _____

★ 나의 컴교실 시간표   요일 : _____   시간 : _____

※ 학생들이 컴퓨터실에 올 때는 컴퓨터 교재와 필기도구를 꼭 챙겨서 올 수 있도록 해 주시고, 인형, 딱지, 휴대폰 등은 컴퓨터 시간에 꺼내지 않도록 지도 바랍니다.

시간표 및 출석 확인란입니다. 꼭 확인하셔서 결석이나 지각이 없도록 협조 바랍니다.

_____ 월

월	화	수	목	금

시간표 및 출석 확인란입니다. 꼭 확인하셔서 결석이나 지각이 없도록 협조 바랍니다.

_____ 월

월	화	수	목	금

시간표 및 출석 확인란입니다. 꼭 확인하셔서 결석이나 지각이 없도록 협조 바랍니다.

_____ 월

월	화	수	목	금

# 나의 타자 단계

이름 : _____

⭐ 오타 수가 5개를 넘지 않는 친구는 선생님께 확인을 받은 후 다음 단계로 넘어가서 연습 합니다.

자리 연습	1단계	2단계	3단계	4단계	5단계	6단계	7단계	8단계
보고 하기								
안 보고 하기								

낱말 연습	1단계	2단계	3단계	4단계	5단계	6단계	7단계	8단계
보고 하기								
안 보고 하기								

자리연습	1번 연습	2번 연습	3번 연습	4번 연습	5번 연습	6번 연습	7번 연습	8번 연습
10개 이상								
20개 이상								
30개 이상								

이 책의 순서

파워포인트 2021

01 파워포인트 시작하기 ················ 6
02 글자 모양 다양하게 꾸미기 ················ 11
03 한자와 그림 삽입하기 ················ 15
04 그림 삽입하여 팬더 액자 만들기 ················ 20
05 여러 모양의 도형 그리기 ················ 24
06 효과를 이용해 도형 꾸미기 ················ 29
07 여러 도형으로 그림 그리기 ················ 34
08 워드아트와 스마트아트 삽입하기 ················ 39
09 표를 이용하여 픽셀아트 도안 만들기 ················ 43
10 표를 이용하여 스티커 판 만들기 ················ 48
11 여러 모양의 차트 만들기 ················ 53
12 하이퍼링크 설정하기 ················ 58
13 슬라이드 마스터 지정하기 ················ 63
14 화면 전환과 실행 단추 만들기 ················ 67
15 사용자 지정 애니메이션 지정하기 ················ 72
16 미디어 클립 삽입하고 동영상으로 내보내기 ············ 77
솜씨 어때요? ················ 82

01 파워포인트 시작하기

학습목표
- 슬라이드를 작성하고 레이아웃을 변경해요.
- 작성한 문서를 저장해요.

▶ 예제 파일 : 01_식용 버섯과 독버섯_예제.pptx
▶ 완성 파일 : 01_식용 버섯과 독버섯_완성.pptx

미션 1 파워포인트를 실행하고 슬라이드를 작성해 보아요.

① [윈도우 로고 키()]-[PowerPoint 2021] 메뉴를 클릭하여 파워포인트 2021 프로그램을 실행한 후 [열기]-[찾아보기]를 클릭하여 '01_식용 버섯과 독버섯_예제.pptx' 파일을 불러옵니다.

② 제목 입력란 상자를 클릭하여 "식용 버섯과 독버섯"을 입력하고 부제목 입력란에는 자신의 이름을 입력합니다.

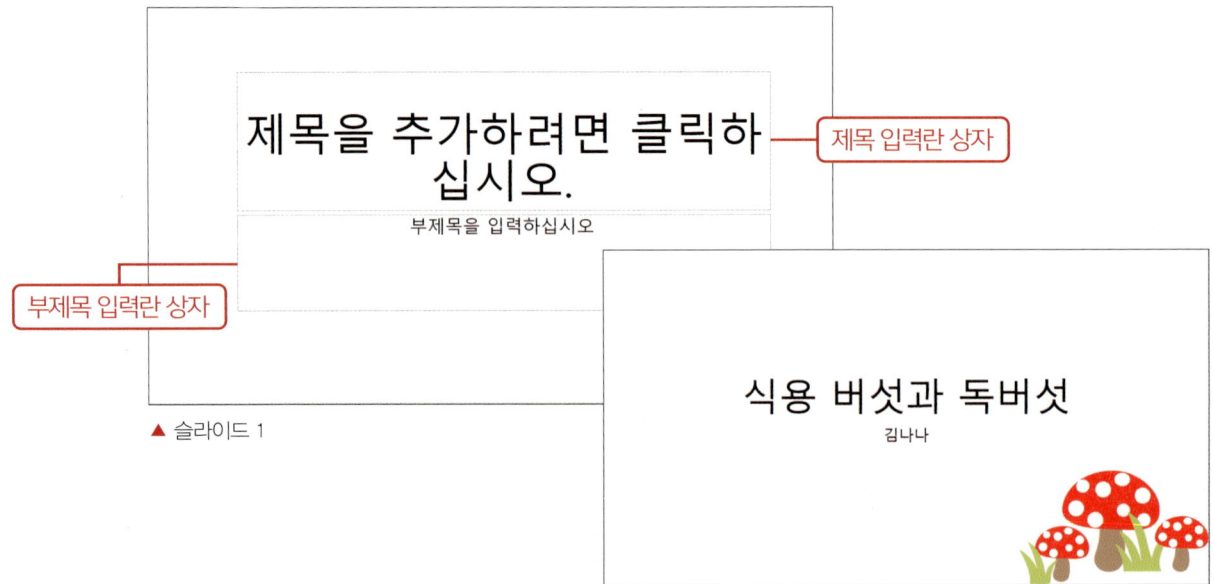

▲ 슬라이드 1

❸ [홈] 탭-[슬라이드] 그룹-[새 슬라이드(📄)]-[제목 및 내용]을 클릭하여 [제목 및 내용] 슬라이드를 추가합니다.

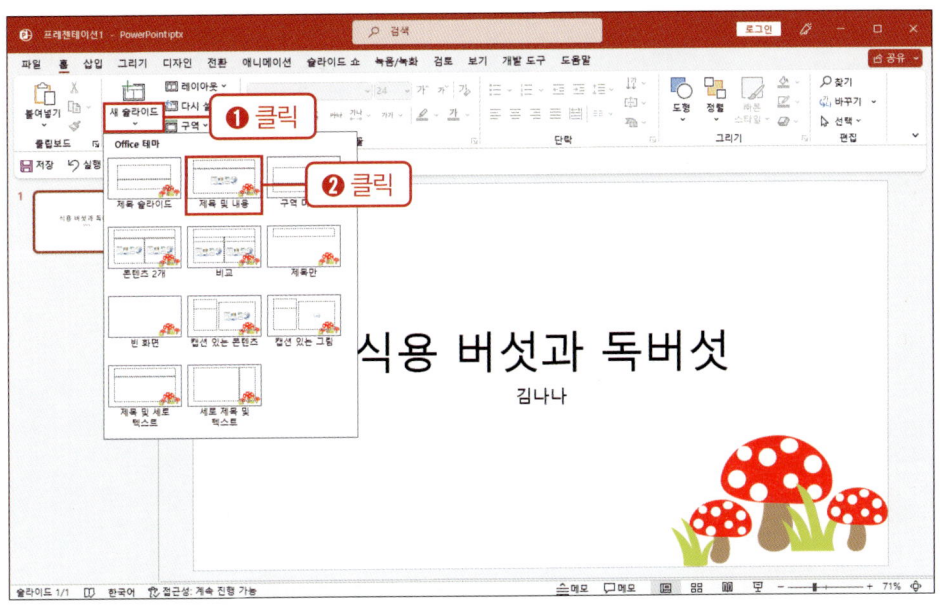

 **Tip**
[새 슬라이드]를 추가할 때 📄를 클릭하면 현재 선택되어 있는 슬라이드의 레이아웃이 바로 추가돼요. 슬라이드를 추가할 때 레이아웃을 선택하려면 [새슬라이드]를 클릭한 후 추가할 레이아웃을 클릭해요.

❹ 슬라이드가 추가되면 두 번째 슬라이드의 내용을 입력합니다.

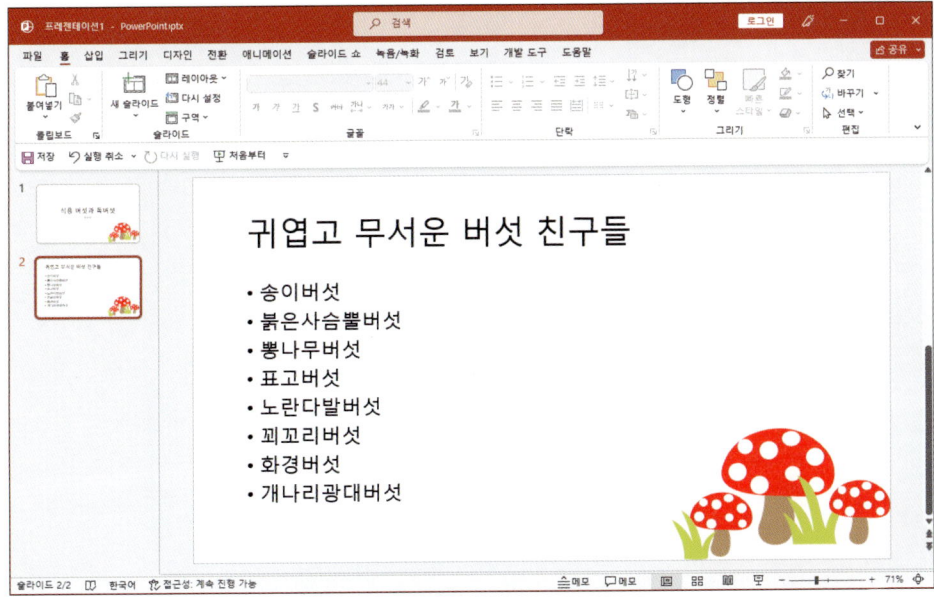

▲ 슬라이드 2

 **슬라이드 레이아웃을 변경해 보아요.**

❶ [홈] 탭-[슬라이드] 그룹-[새 슬라이드(□)]-[비교]를 클릭하여 [비교] 슬라이드가 추가되면 그림과 같이 세 번째 슬라이드 내용을 입력합니다.

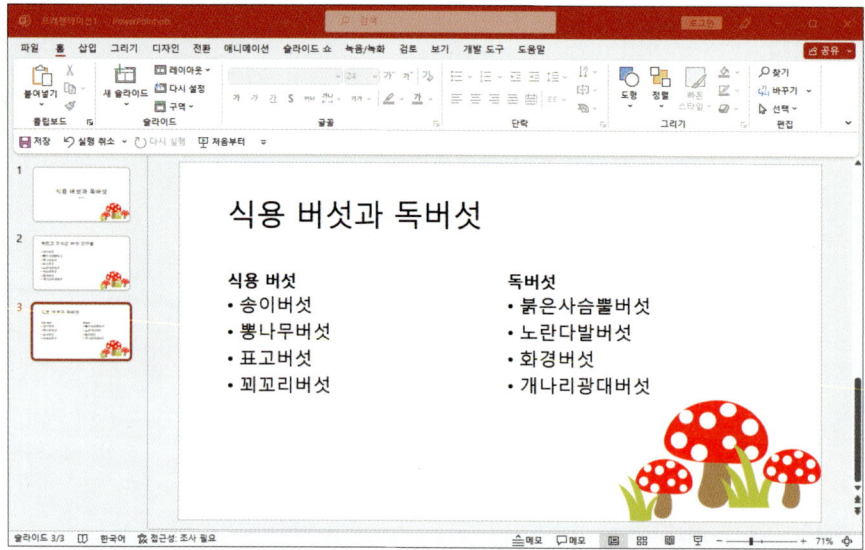

▲ 슬라이드 3

❷ 같은 방법으로 네 번째 슬라이드를 추가한 후 그림과 같이 내용을 입력합니다.

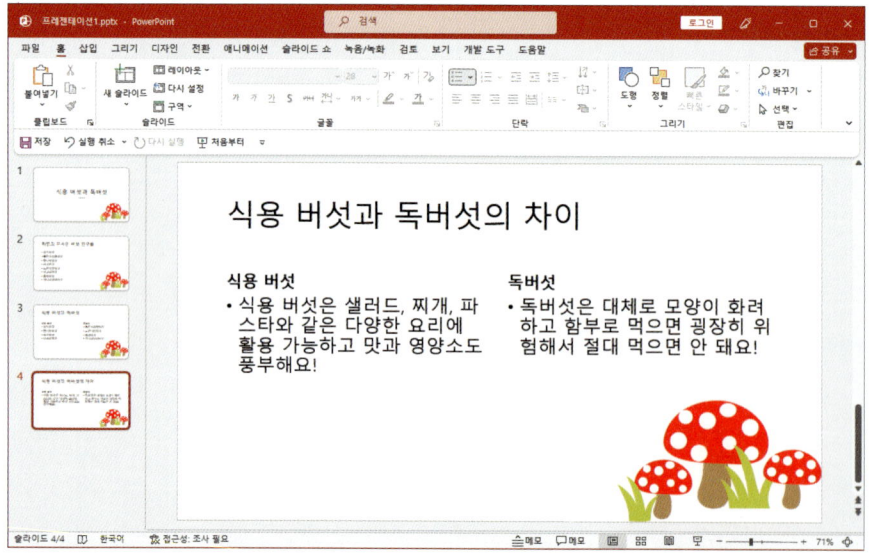

▲ 슬라이드 4

 **작성한 문서를 저장해 보아요.**

① 작성한 문서를 저장하기 위해 [파일] 탭을 클릭한 후 [다른 이름으로 저장]-[찾아보기(📁)]를 클릭합니다.

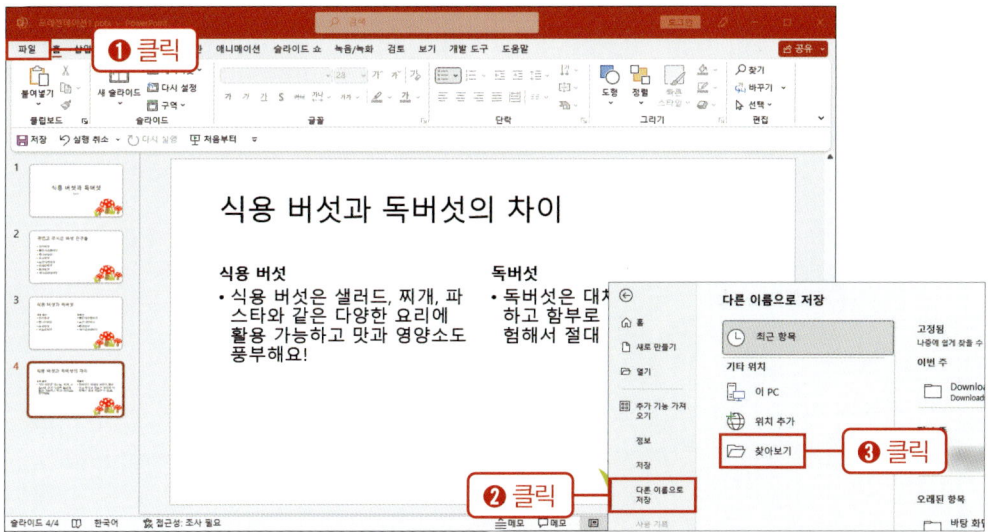

② [다른 이름으로 저장] 대화상자가 나타나면 '저장 위치'를 지정하고 '파일 이름'을 입력한 후 [저장] 단추를 클릭합니다.

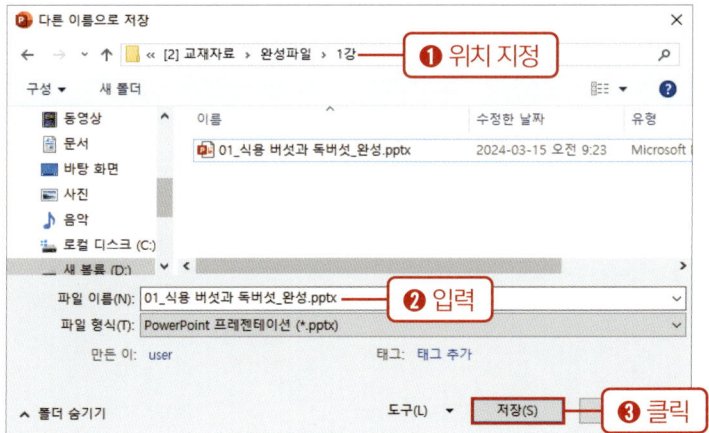

③ 파일을 저장한 후 [파일] 탭-[닫기] 메뉴를 클릭하여 파워포인트를 종료합니다.

01 혼자 할 수 있어요!

• 예제 파일 : 01_즐거운 요리시간_예제.pptx
• 완성 파일 : 01_즐거운 요리시간_완성.pptx

01 예제 파일을 불러와 다음과 같이 프레젠테이션을 작성하고 '즐거운 요리시간.pptx'로 저장해 보세요.

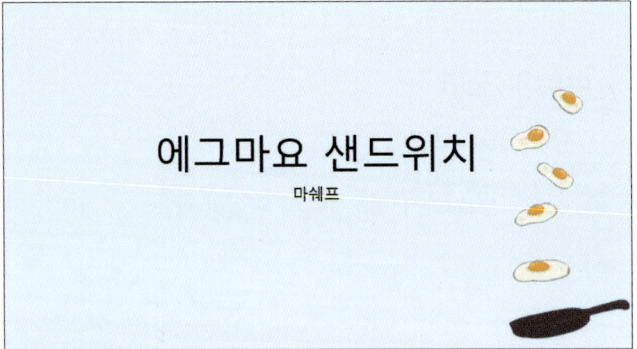

▲ 슬라이드 1

▲ 슬라이드 2

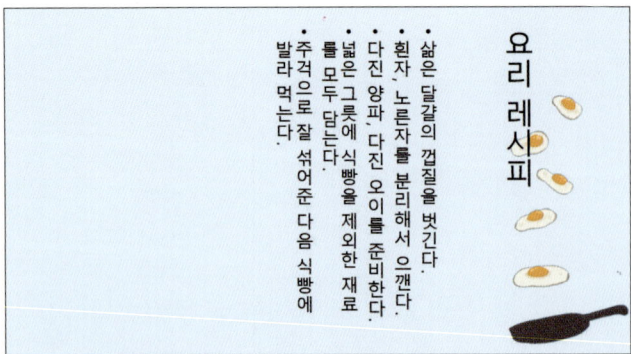

▲ 슬라이드 3

Hint

• 슬라이드 1 레이아웃 : [제목 슬라이드]
• 슬라이드 2 레이아웃 : [제목 및 내용]
• 슬라이드 3 레이아웃 : [세로 제목 및 텍스트]

02 글자 모양 다양하게 꾸미기

학습목표
- 글자 모양을 다양하게 꾸며요.
- 글머리 기호를 삽입해요.

▶ 완성 파일 : 02_몸집이 큰 동물과 작은 동물_완성.pptx, 02_바이러스 예방_완성.pptx

미션 1 글자 모양을 예쁘게 꾸며 보아요.

 [홈] 탭-[슬라이드] 그룹-[레이아웃]-[콘텐츠 2개]를 선택한 후 그림과 같이 내용을 입력합니다. 이어서 모양과 색깔을 변경할 글자를 드래그하여 블록으로 지정한 후 원하는 글자 모양으로 변경하고 문서를 저장합니다.

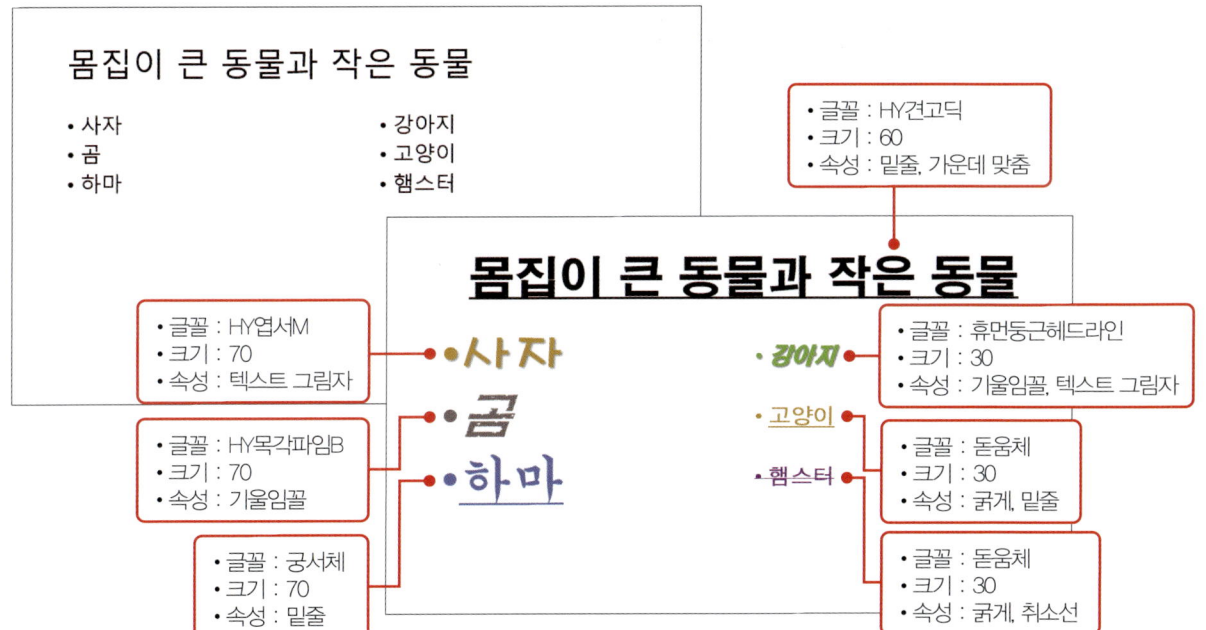

Tip
- 글꼴 색은 임의로 지정해요.
- [홈] 탭-[단락] 그룹-[줄 간격()]을 클릭하여 줄 간격을 조절해요.

 **미션 2** 글머리 기호를 삽입해 보아요.

1 새로운 문서를 열고 그림과 같이 슬라이드를 작성한 후 글자 모양을 변경합니다.

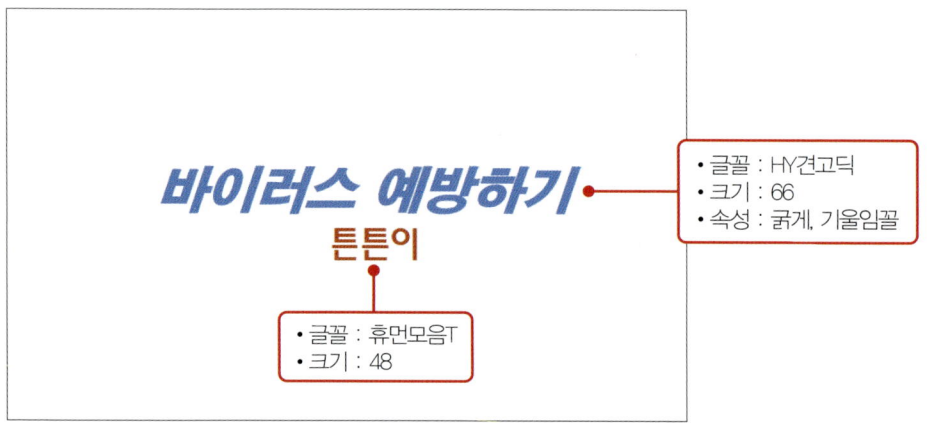

▲ 슬라이드 1

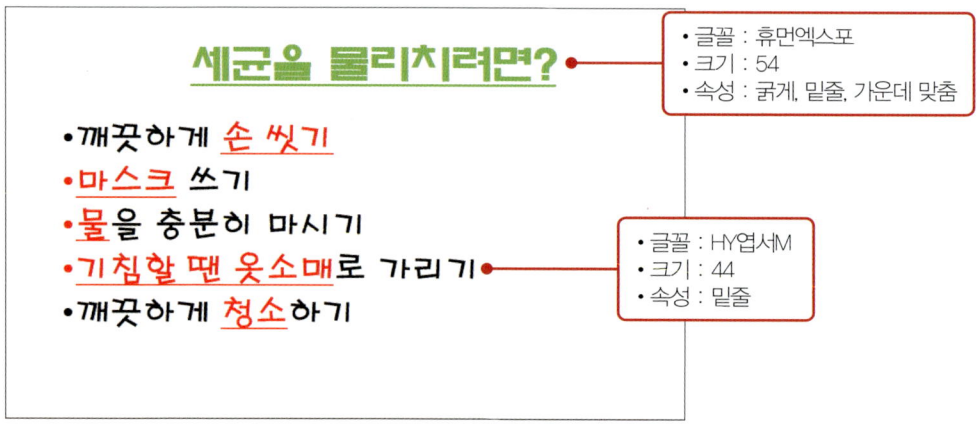

▲ 슬라이드 2

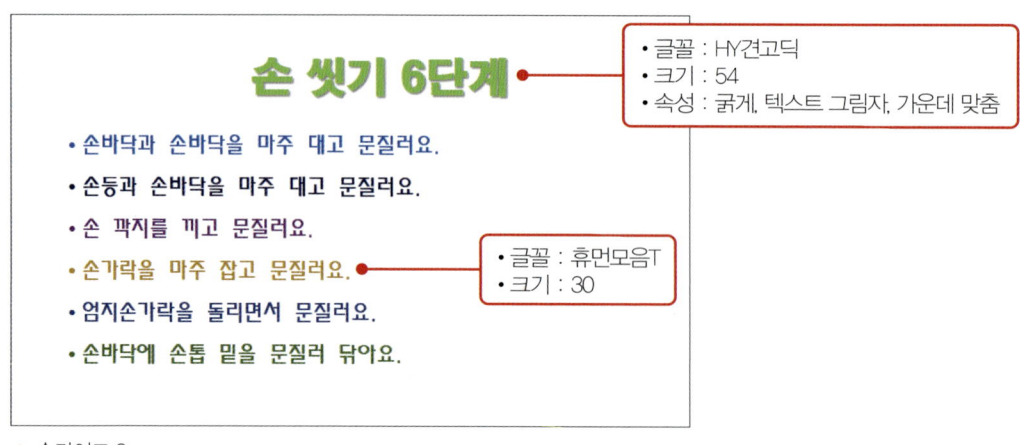

▲ 슬라이드 3

❷ 두 번째 슬라이드의 내용 입력란 상자를 선택한 후 [홈] 탭-[단락] 그룹-[글머리 기호(≡)]-[화살표 글머리 기호]를 클릭합니다.

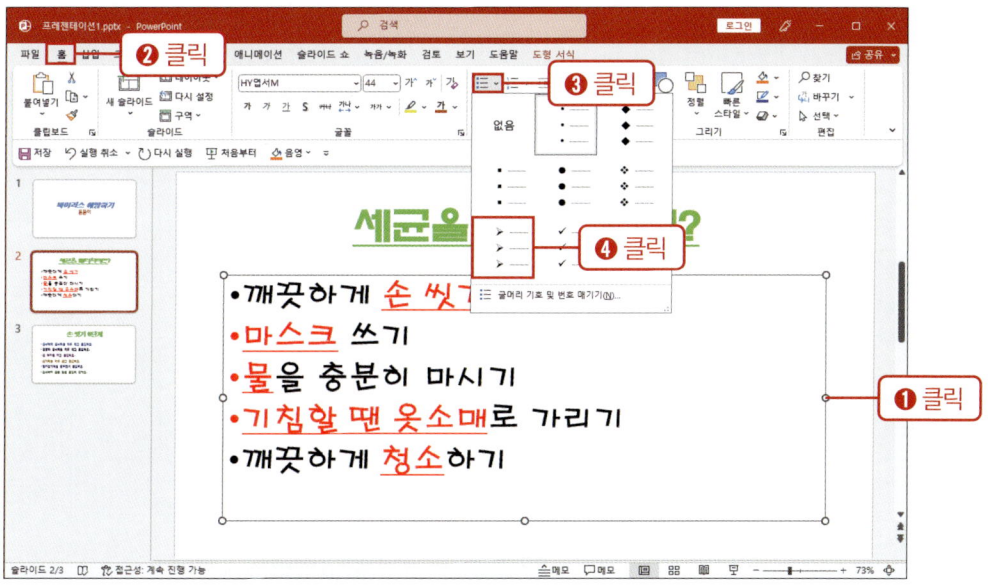

▲ 슬라이드 2

❸ 세 번째 슬라이드의 내용 입력란 상자를 선택한 후 [홈] 탭-[단락] 그룹-[번호 매기기(≡)]-[원 숫자]를 클릭합니다.

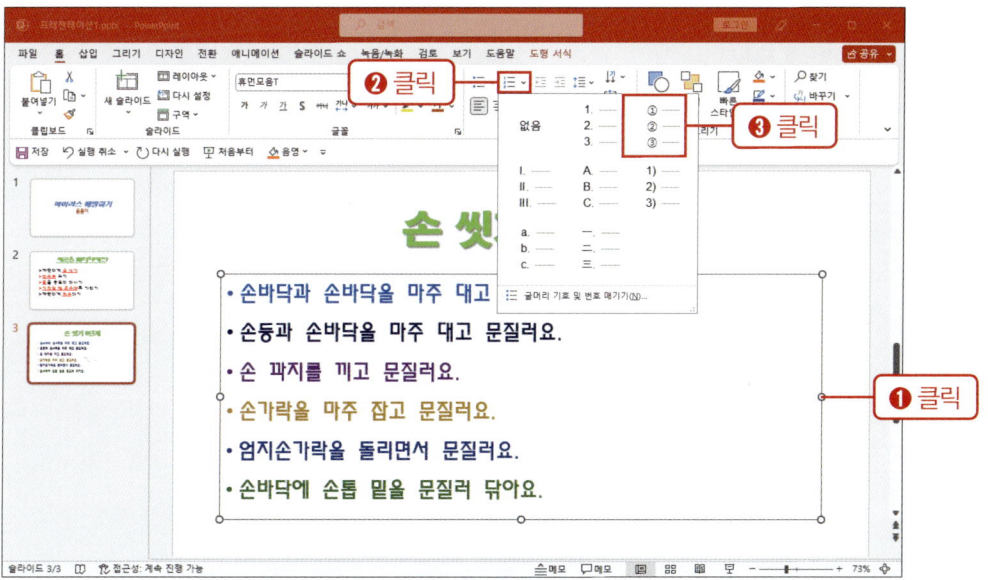

▲ 슬라이드 3

혼자 할 수 있어요!

• 완성 파일 : 02_맛있는 라면_완성.pptx

01 다음과 같이 프레젠테이션을 작성하고 '맛있는 라면.pptx'로 저장해 보세요.

▲ 슬라이드 1

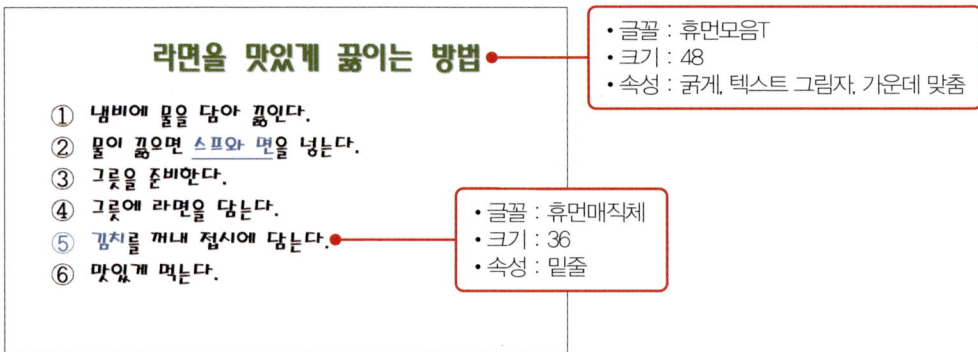

▲ 슬라이드 2

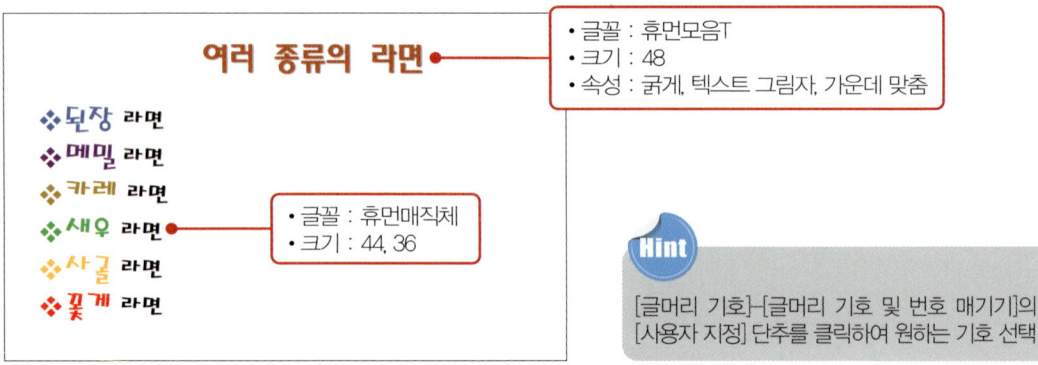

▲ 슬라이드 3

Hint

[글머리 기호]-[글머리 기호 및 번호 매기기]의 [사용자 지정] 단추를 클릭하여 원하는 기호 선택

03 한자와 그림 삽입하기

학습목표
- 내용에 알맞은 한자를 입력해요.
- 온라인 그림을 삽입해요.
- 도형 스타일을 적용해요.

▶ 완성 파일 : 03_쉬운 생활 한자_완성.pptx

 **한자를 입력해 보아요.**

① 슬라이드 레이아웃을 [비교] 레이아웃으로 변경한 후 그림과 같이 내용을 입력합니다. 이어서 [홈] 탭-[글꼴] 그룹에서 글자 서식을 지정합니다.

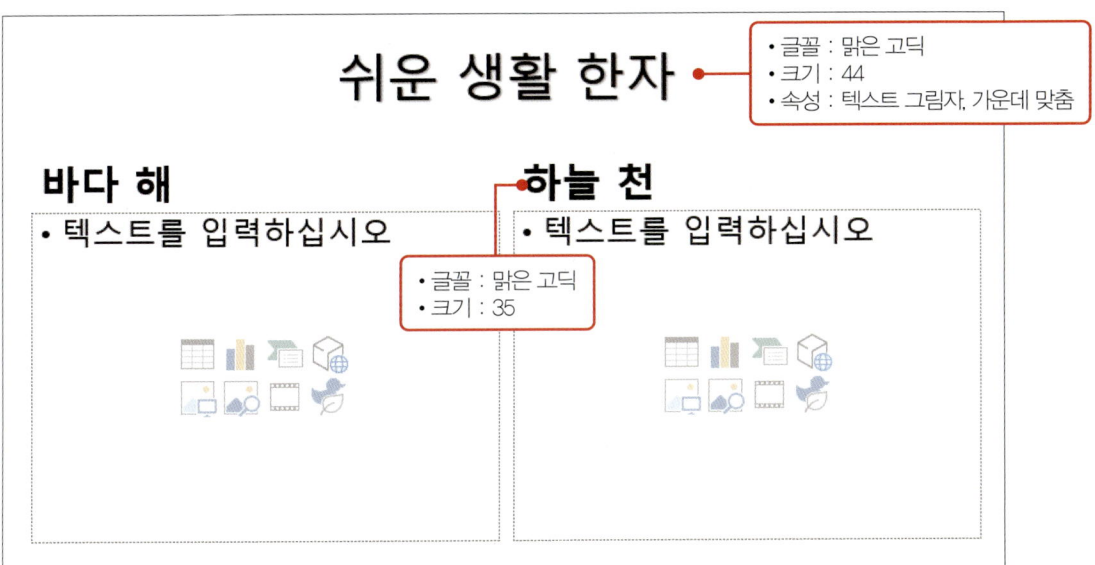

❷ '해' 글자를 블록 지정한 후 [검토] 탭-[언어] 그룹에서 [한글/한자 변환(漢)]을 클릭하여 [한글/한자 변환] 대화상자가 나타나면 '海'를 선택하고 [입력 형태]에서 '한글(漢字)'을 선택한 후 [변환] 단추를 클릭합니다.

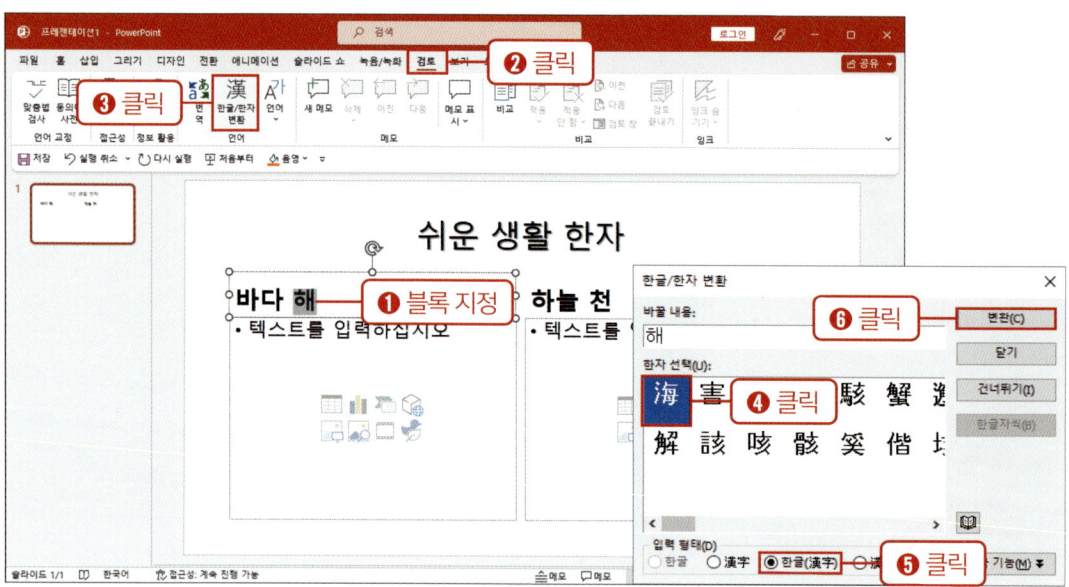

❸ 위와 같은 방법으로 '천' 글자를 블록 지정한 후 한자로 변경합니다.

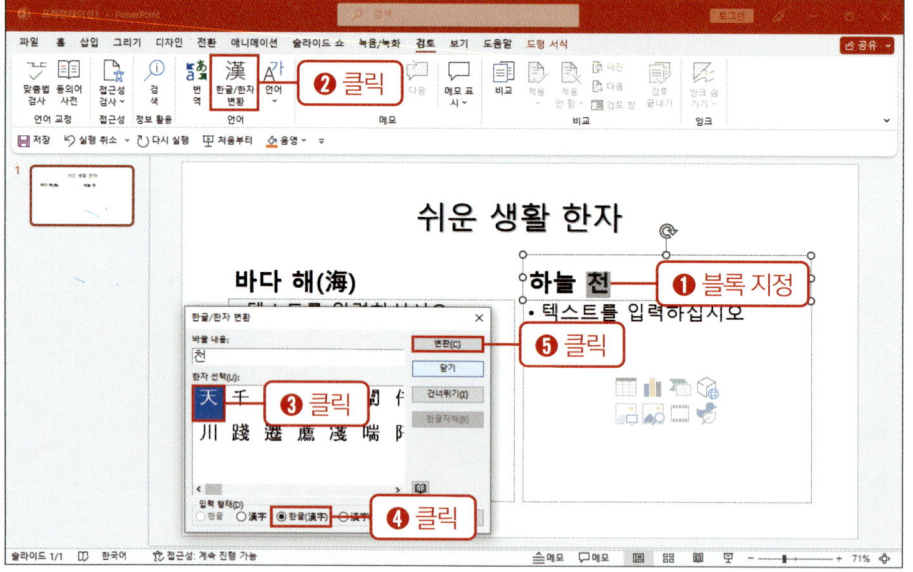

 **온라인 그림을 삽입해 보아요.**

① [삽입] 탭-[이미지] 그룹-[그림(🖼)]-[온라인 그림]을 클릭하여 [온라인 그림] 창이 나타나면 검색창에 "바다"를 입력하고 원하는 이미지를 선택한 후 [삽입] 단추를 클릭합니다.

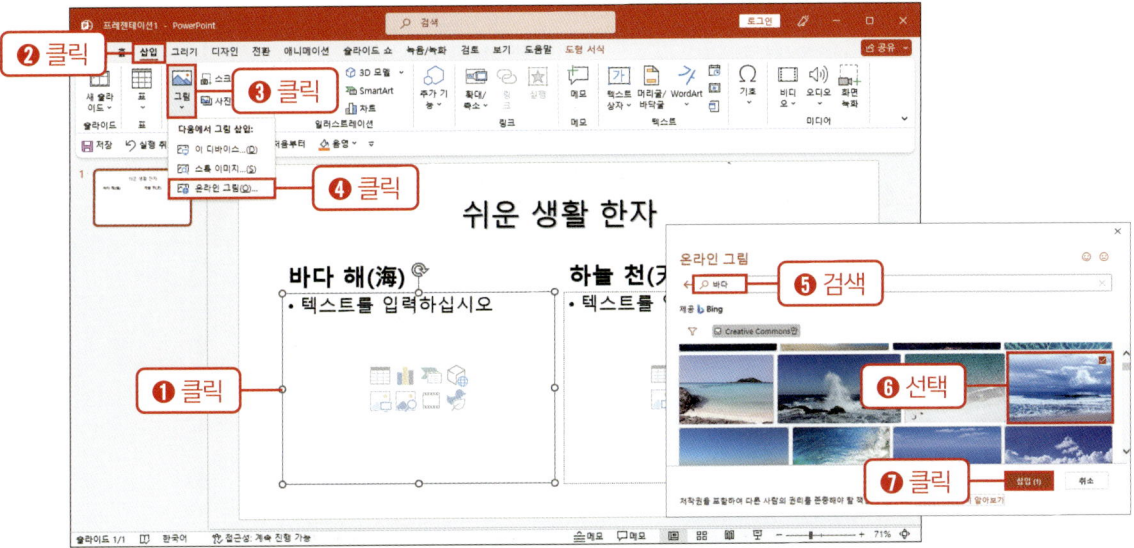

② 같은 방법으로 '하늘'을 검색하여 그림을 삽입하고 크기와 위치를 조절합니다.

미션 3 도형 스타일을 적용해 보아요.

❶ [제목] 텍스트 상자를 선택한 후 [도형 서식] 탭-[도형 스타일] 그룹-[자세히]를 클릭하고 '강한 효과 - 주황, 강조 2'를 선택합니다.

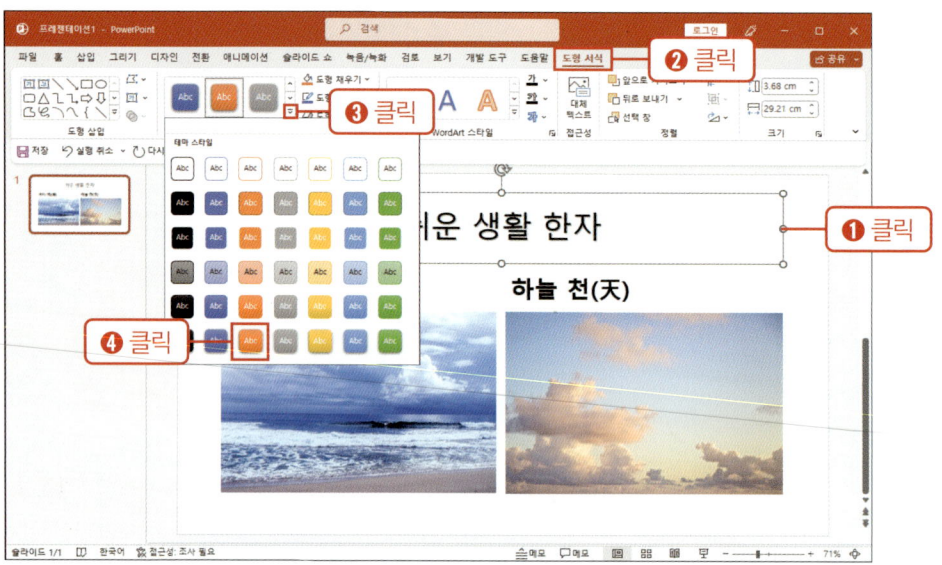

❷ ❶과 같은 방법으로 '바다 해'와 '하늘 천' 텍스트 상자를 선택한 후 원하는 도형 스타일을 적용해 봅니다.

혼자 할 수 있어요!

• 완성 파일 : 03_숫자 카드_완성.pptx

01 다음과 같이 프레젠테이션을 작성하고 '숫자 카드.pptx'로 저장해 보세요.

• 글꼴 : 휴먼옛체
• 크기 : 44
• 도형 스타일 : 밝은 색 1 윤곽선, 색 채우기 - 파랑, 강조 1

• 글꼴 : 휴먼옛체
• 크기 : 40
• 도형 스타일 : 미세 효과 - 주황, 강조 2 / 미세 효과 - 녹색, 강조 6

▲ 슬라이드 1

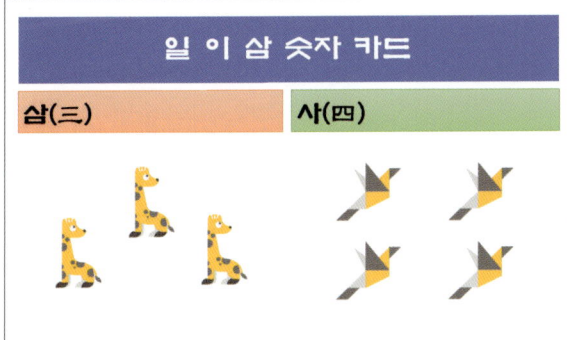

▲ 슬라이드 2

▲ 슬라이드 3

Hint
• [비교] 레이아웃 선택
• [그림]-[스톡 이미지] 클릭 후 [일러스트레이션] 탭에서 이미지 삽입

04 그림 삽입하여 팬더 액자 만들기

학습목표

- 슬라이드에 그림을 삽입해요.
- 텍스트 상자를 삽입하여 내용을 입력해요.
- 여러 개체를 그룹으로 지정해요.

▶ 예제 파일 : 04_팬더액자_예제.pptx
▶ 완성 파일 : 04_팬더액자_완성.pptx

 **슬라이드에 그림을 삽입해 보아요.**

① 예제 파일을 불러온 후 [삽입] 탭-[그림(🖼)]-[이 디바이스]를 클릭하여 [그림 삽입] 대화 상자가 나타나면 원하는 그림을 선택하고 그림과 같이 팬더 액자를 꾸며 봅니다.

미션 2 텍스트 상자에 내용을 입력해 보아요.

1 [삽입] 탭-[텍스트] 그룹-[텍스트 상자(가)]-[가로 텍스트 상자 그리기]를 선택한 후 제목을 입력할 위치를 클릭합니다.

2 텍스트 상자가 삽입되면 제목을 입력하고 그림과 같이 서식을 지정합니다.

- 글꼴 : HY헤드라인M
- 크기 : 45
- 속성 : 밑줄, 텍스트 그림자

04 · 그림 삽입하여 팬더 액자 만들기 **21**

 **여러 개체를 그룹으로 지정해 보아요.**

❶ 슬라이드 왼쪽 위에서 오른쪽 아래 방향으로 마우스를 드래그하여 모든 개체를 선택합니다.

TIP Ctrl + A 를 눌러 전체 개체를 선택할 수도 있어요.

❷ 개체가 모두 선택되면 [도형 서식] 탭-[그룹화(回)]-[그룹]을 클릭하여 여러 개체를 하나의 개체로 묶습니다.

04  혼자 할 수 있어요!

• 예제 파일 : 04_우정쿠폰_예제.pptx
• 완성 파일 : 04_우정쿠폰_완성.pptx

01 예제 파일을 불러온 후 그림과 같이 프레젠테이션을 작성하고 '우정쿠폰.pptx'로 저장해 보세요.

• 글꼴 : HY견고딕
• 크기 : 50
• 속성 : 기울임꼴

▲ 슬라이드 1

• 글꼴 : HY엽서M
• 크기 : 24

▲ 슬라이드 2

Hint

• [빈 화면] 레이아웃 선택   • [텍스트 상자] 삽입   • [예제 파일] 폴더에서 그림 삽입

05 여러 모양의 도형 그리기

• 도형을 삽입하여 액자 모양으로 꾸며요.
• 그림에 여러 가지 효과를 지정해요.

▶ 완성 파일 : 05_우당탕탕 동물원_완성.pptx

미션 1 도형에 테두리를 지정해 보아요.

1 슬라이드 레이아웃을 [빈 화면]으로 변경한 후 [삽입] 탭-[일러스트레이션] 그룹-[도형()]-[직사각형(□)]을 선택하고 슬라이드에 도형을 삽입합니다. 도형을 선택한 후 [도형 서식] 탭-[도형 채우기]를 '채우기 없음'으로, [도형 윤곽선]을 '녹색, 강조 6, 25% 더 어둡게'로 지정합니다.

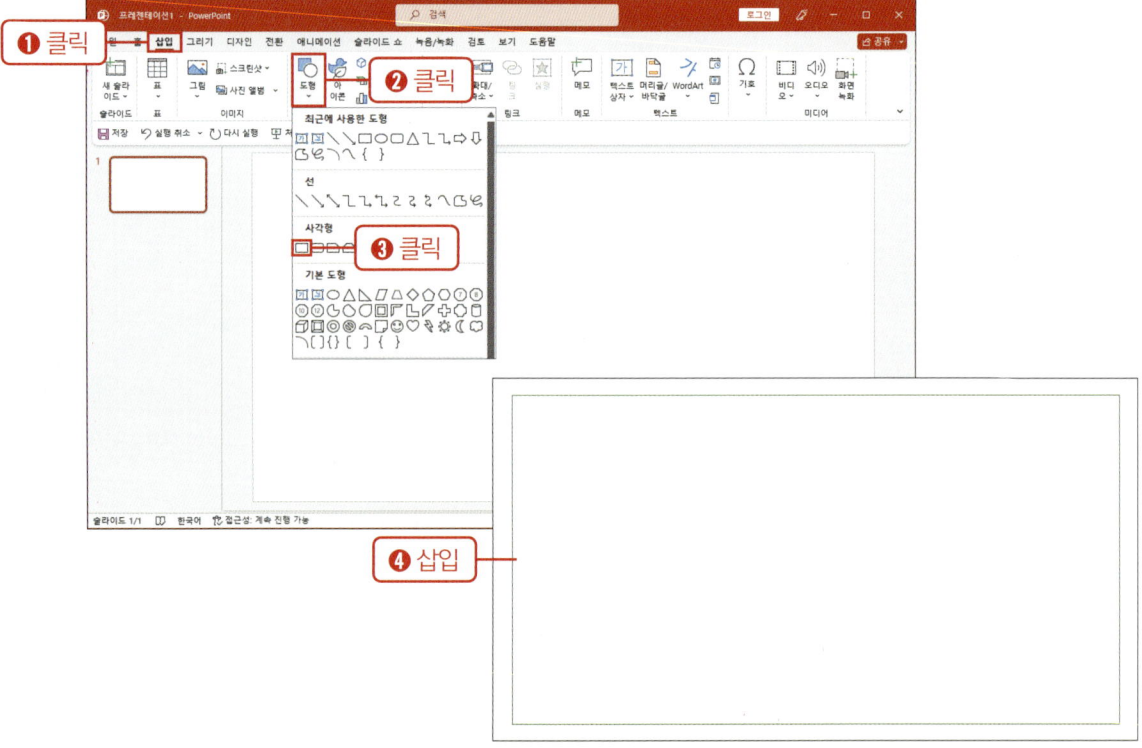

❷ 다시 [도형 서식] 탭-[도형 윤곽선]-[두께]-[다른 선]을 클릭합니다. 이어서 오른쪽에 [도형 서식] 창이 나타나면 너비를 '16 pt'로 지정하고 [닫기(✕)] 단추를 클릭합니다.

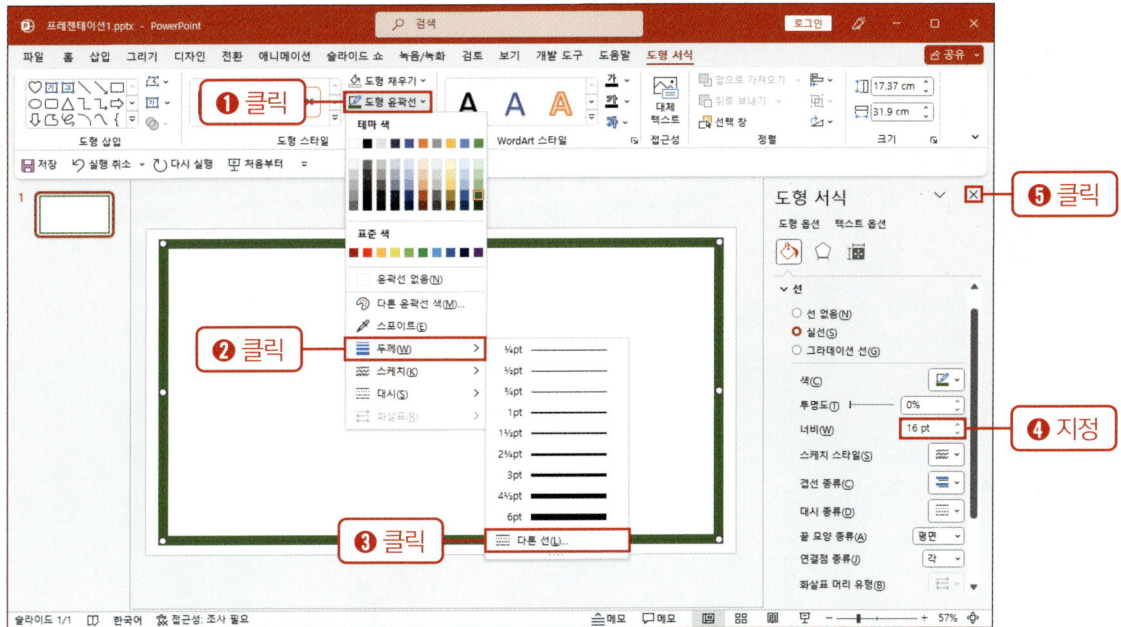

❸ 이어서 [도형 효과]-[네온]-[네온: 18pt, 녹색, 강조색 6]을 선택한 후 결과를 확인합니다.

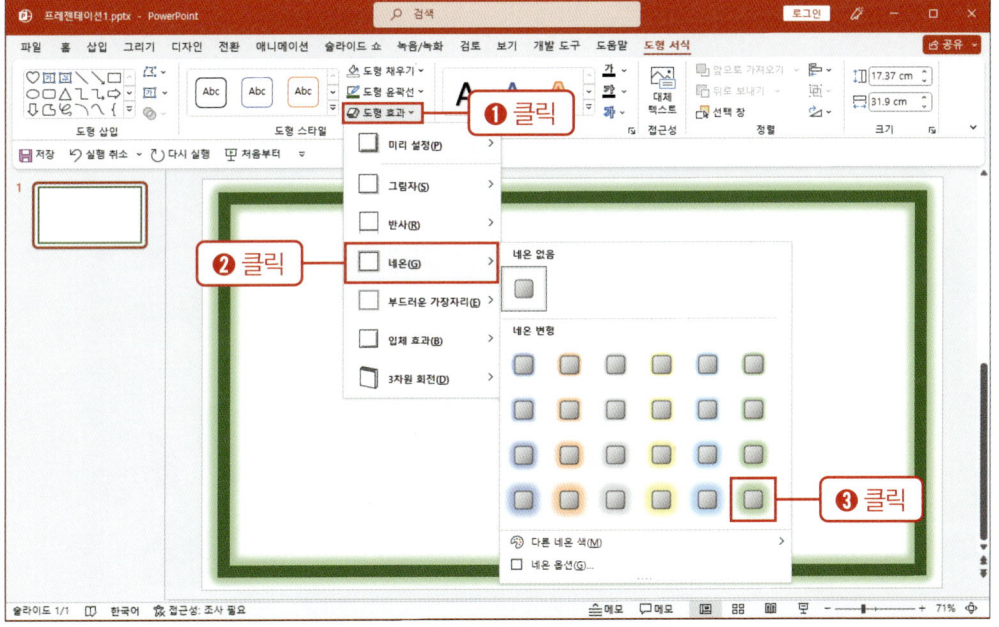

 **미션 2** 슬라이드에 다양한 그림을 삽입해 보아요.

① [삽입] 탭-[이미지] 그룹-[그림(🖼)]-[이 디바이스]를 클릭하여 [그림 삽입] 대화상자가 나타나면 '펭귄', '호랑이', '닭', '뱀' 파일을 삽입합니다.

② 위와 같은 방법으로 원하는 그림을 삽입하여 그림과 같이 슬라이드를 꾸며 봅니다.

 **미션 3** 텍스트 상자에 내용을 입력해 보아요.

① [삽입] 탭-[텍스트] 그룹-[텍스트 상자(가)]-[가로 텍스트 상자 그리기]를 선택한 후 그림과 같이 제목을 입력하고 서식을 지정합니다.

② 위와 같은 방법으로 그림과 같이 상장의 내용을 입력하고 각각 서식을 지정합니다.

05 혼자 할 수 있어요!

• 완성 파일 : 05_파티초대장_완성.pptx

01 다음과 같이 프레젠테이션을 작성하고 '파티초대장.pptx'로 저장해 보세요.

• 글꼴 : HY헤드라인M
• 크기 : 44
• 속성 : 굵게, 가운데 맞춤

▲ 슬라이드 1

Hint
• [제목만] 레이아웃 선택
• '직사각형' 도형 삽입
• [예제 파일] 폴더에서 그림 삽입

▲ 슬라이드 2

• 글꼴 : 휴먼엑스포
• 크기 : 30, 20
• 속성 : 가운데 맞춤

Hint
• [제목만] 레이아웃 선택
• '타원', '직사각형', '오각형' 도형 삽입
• [예제 파일] 폴더에서 그림 삽입

06 효과를 이용해 도형 꾸미기

학습목표
- 도형과 텍스트의 크기를 변경하고 회전시켜요.
- 텍스트 상자에 여러 가지 효과를 지정해요.

▶ 완성 파일 : 06_알림장 표지_완성.pptx

미션 1 원하는 크기의 도형을 그려 보아요.

① [빈 화면] 레이아웃을 지정하고 [삽입] 탭-[일러스트레이션] 그룹-[도형()]-[직사각형(□)]을 선택하여 도형을 삽입한 후 [도형 서식] 탭-[크기] 그룹에서 도형의 크기를 높이 : 9cm, 너비 : 14cm로 지정합니다.

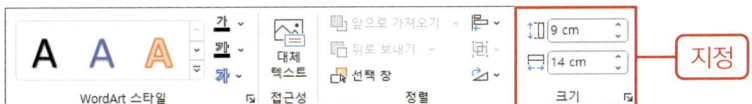

② [도형 서식] 탭-[도형 스타일] 그룹-[자세히]-[미세 효과 - 파랑, 강조 5]를 선택합니다.

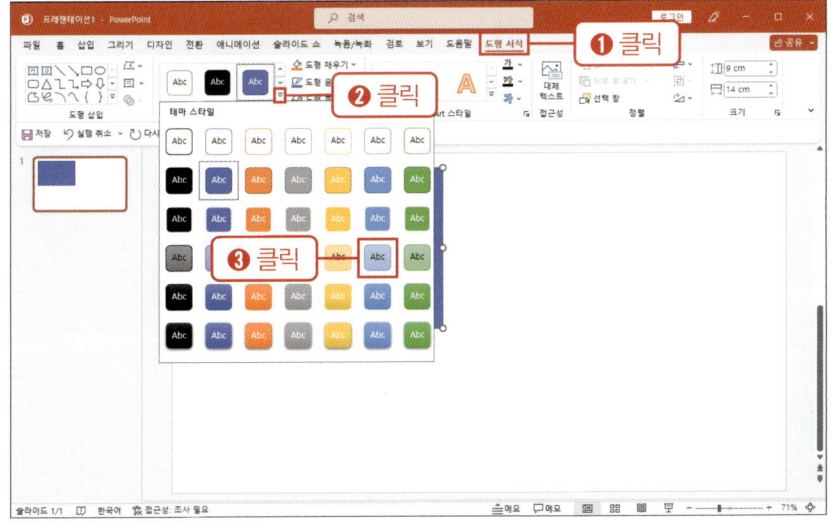

❸ 도형을 선택한 후 Ctrl + Shift 를 누른 상태로 아래쪽으로 드래그하여 복사한 후 [도형 서식] 탭-[도형 스타일] 그룹-[투명, 색 윤곽선 - 파랑, 강조 5]를 선택합니다.

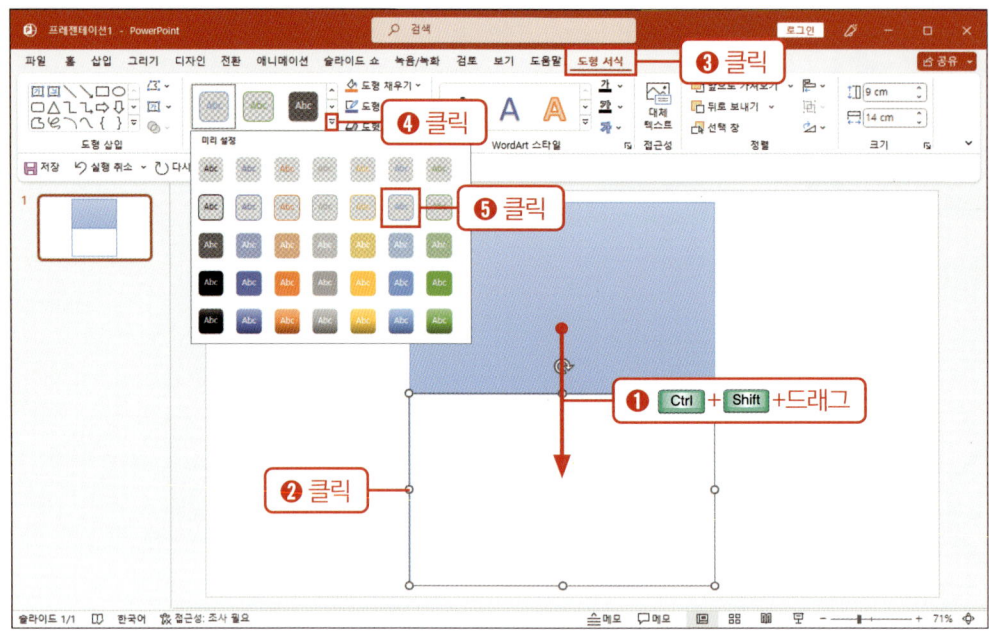

❹ [삽입] 탭-[텍스트] 그룹-[텍스트 상자(가)]-[가로 텍스트 상자 그리기]를 선택한 후 초등학교와 이름을 입력하고 '1.png'~'4.png' 파일을 불러와 그림과 같이 삽입합니다.

 **미션 2** 그림과 텍스트 상자를 회전시켜 보아요.

❶ 이름 텍스트 상자를 선택하고 [도형 서식] 탭-[정렬] 그룹-[회전(↻)]-[상하 대칭]을 선택한 후 글자 서식을 변경합니다. 이어서 같은 방법으로 삽입된 그림들을 회전시켜 그림과 같이 배치해 봅니다.

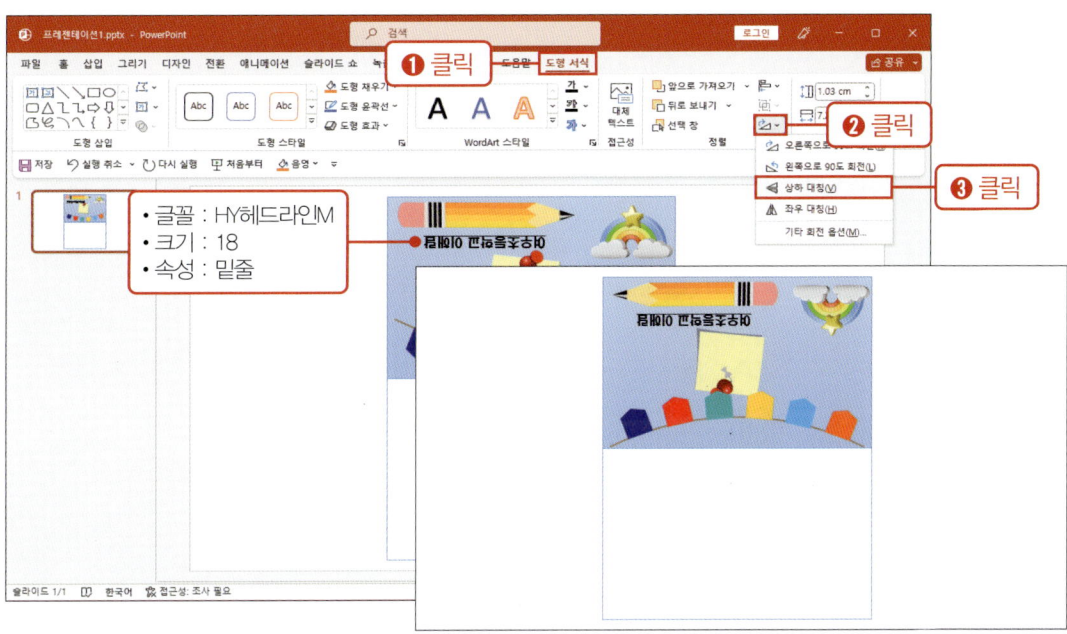

• 글꼴 : HY헤드라인M
• 크기 : 18
• 속성 : 밑줄

❷ 위와 같은 방법으로 '5.png'~'9.png' 파일을 불러와 그림과 같이 삽입합니다.

Tip
개체를 선택한 후 마우스 오른쪽 단추를 클릭하면 나타나는 바로가기 메뉴에서 [맨 앞으로 가져오기], [맨 뒤로 보내기] 메뉴를 이용하여 개체들의 순서를 지정해 봐요.

 **텍스트에 다양한 효과를 적용해 보아요.**

① [삽입] 탭–[텍스트] 그룹–[텍스트 상자(가)]–[가로 텍스트 상자 그리기]를 선택하여 "알림장"을 입력한 후 글자 서식을 변경합니다.

② [도형 서식] 탭–[WordArt 스타일] 그룹에서 [자세히]를 클릭하여 '무늬 채우기: 파랑, 강조색 1, 50%, 진한 그림자: 파랑, 강조색 1'을 선택합니다.

③ [WordArt 스타일] 그룹–[텍스트 효과]–[반사]–[전체 반사: 8pt 오프셋], [네온]–[네온: 11pt, 회색, 강조색 3]을 각각 지정한 후 결과를 확인합니다.

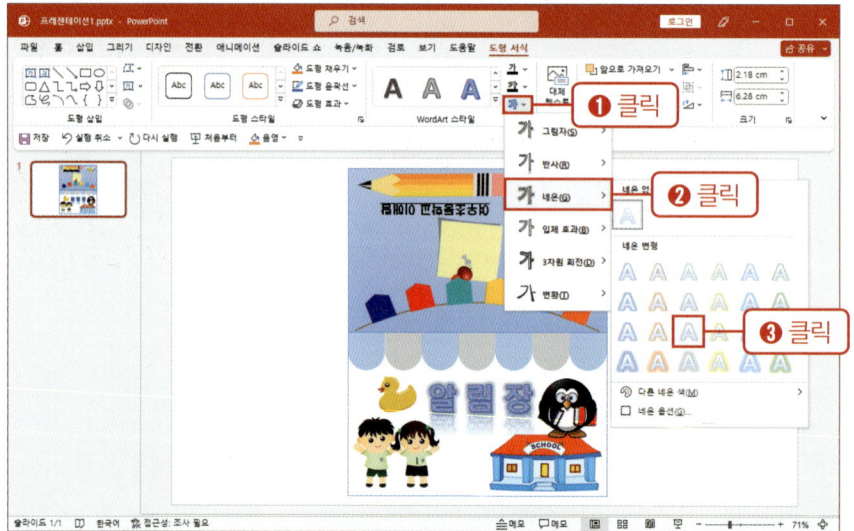

혼자 할 수 있어요!

• 완성 파일 : 06_알림장 속지_완성.pptx

01 다음과 같이 프레젠테이션을 작성하고 '알림장 속지.pptx'로 저장해 보세요.

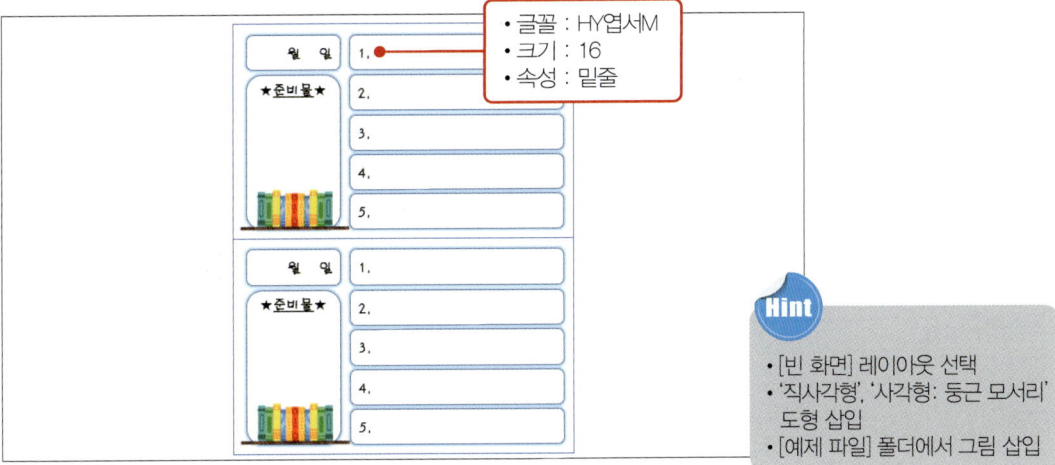

- 글꼴 : HY엽서M
- 크기 : 16
- 속성 : 밑줄

▲ 슬라이드 1

Hint
- [빈 화면] 레이아웃 선택
- '직사각형', '사각형: 둥근 모서리' 도형 삽입
- [예제 파일] 폴더에서 그림 삽입

▲ 슬라이드 2

Hint
- [빈 화면] 레이아웃 선택
- '직사각형', '사각형: 둥근 모서리', '타원' 도형 삽입
- [예제 파일] 폴더에서 그림 삽입

07 여러 도형으로 그림 그리기

학습목표
- 슬라이드에 디자인 테마를 적용해요.
- 여러 가지 도형으로 그림을 그려요.

▶ 완성 파일 : 07_얼굴_완성.pptx

미션 1 슬라이드 디자인을 적용해 보아요.

 슬라이드를 [제목만] 레이아웃으로 변경한 후 [디자인] 탭-[테마] 그룹에서 [자세히] 단추를 클릭하여 [자연 테마] 테마를 선택합니다. 이어서 제목 입력란 상자에 제목을 입력하고 그림과 같이 글자 서식을 지정합니다.

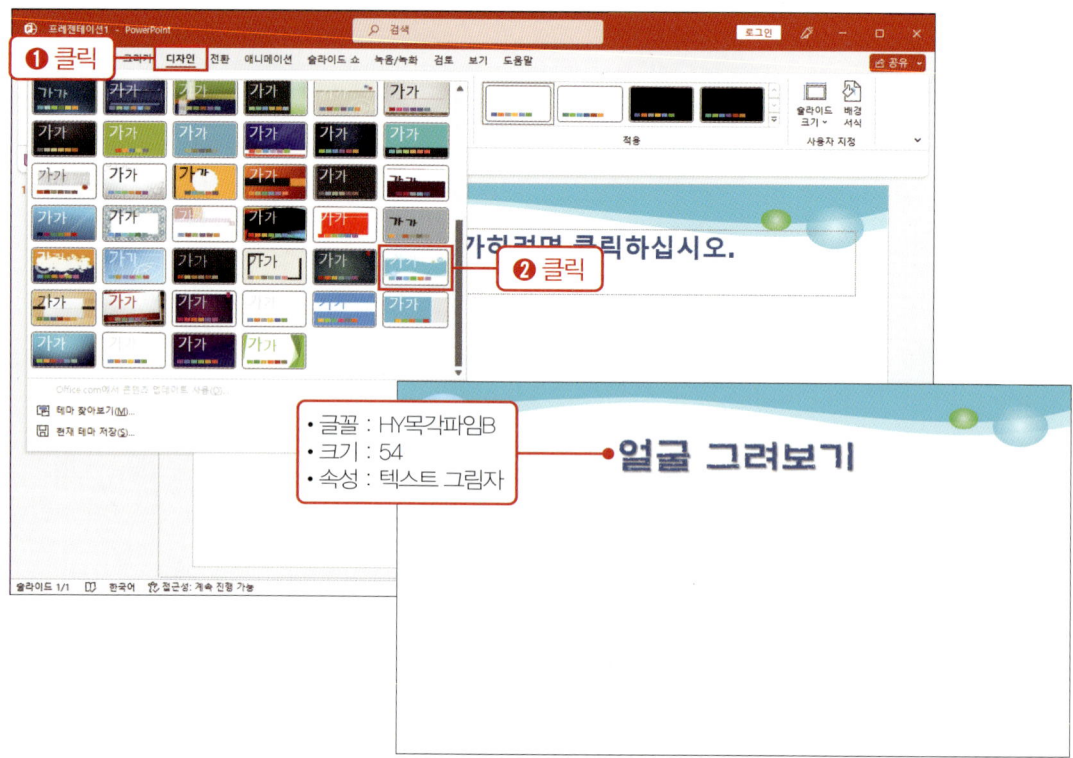

② [삽입] 탭–[이미지] 그룹–[그림(🖼)]–[이 디바이스]를 클릭하여 [그림 삽입] 대화상자가 나타나면 '표정1.png'~'표정3.png' 파일을 불러와 그림과 같이 삽입합니다.

③ [삽입] 탭–[일러스트레이션] 그룹–[도형(⬠)]–[별: 꼭짓점 7개(✦)]를 선택하여 도형을 삽입합니다. 이어서 도형을 선택한 후 [도형 서식] 탭–[도형 스타일] 그룹–[도형 채우기]를 클릭하고 '노랑'을 선택합니다.

삽입 후 채우기 색 지정

④ 이어서 [도형 스타일] 그룹-[도형 윤곽선]-[주황]을 선택한 후 도형의 노란색 모양 조절점(●)을 위쪽으로 드래그하여 그림과 같이 모양을 변경합니다.

⑤ 도형을 선택한 후 Ctrl + Shift 를 누른 상태로 오른쪽으로 드래그하여 그림과 같이 복사합니다.

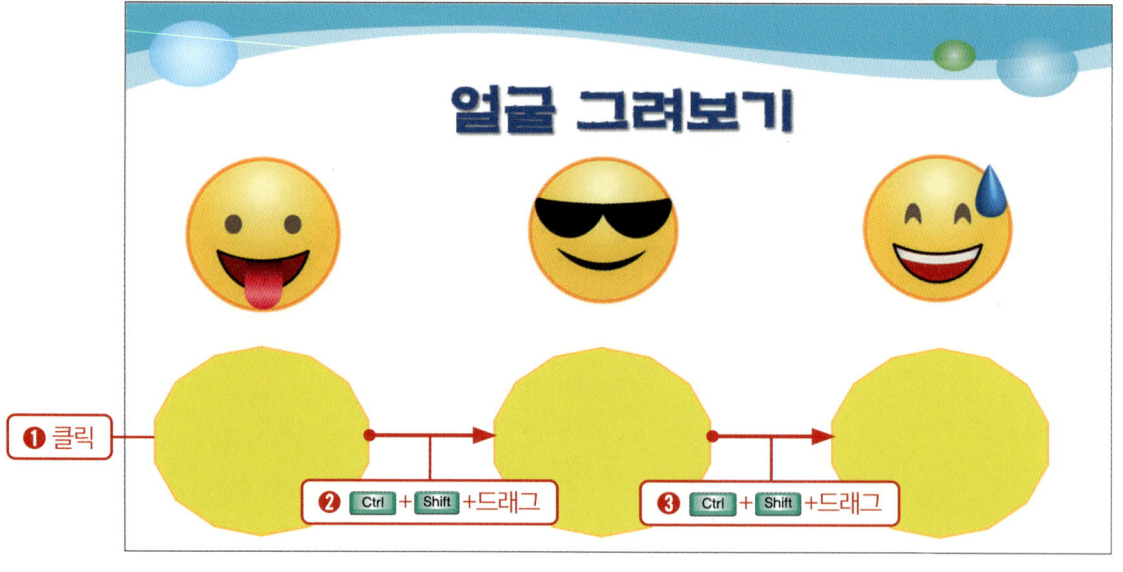

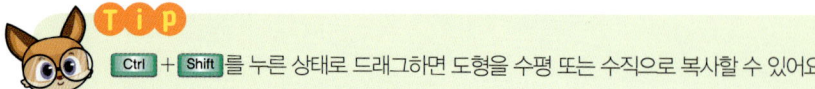

Ctrl + Shift 를 누른 상태로 드래그하면 도형을 수평 또는 수직으로 복사할 수 있어요.

 **재미있는 얼굴 표정을 그려 보아요.**

① [삽입] 탭-[일러스트레이션] 그룹-[도형]-[타원(○)]을 선택하여 눈을 그린 후 [도형 채우기]와 [도형 윤곽선]을 각각 '검정, 텍스트 1'로 지정합니다.

② 이어서 [삽입] 탭-[일러스트레이션] 그룹-[도형]-[달(☾)]을 선택하여 입을 그리고 [도형 채우기]를 '빨강'으로, [도형 윤곽선]을 '검정, 텍스트 1'로 지정한 후 회전 조절점(@)을 드래그하여 그림과 같이 도형을 회전시킵니다.

③ 입술 도형을 선택하고 [도형 서식] 탭-[도형 삽입] 그룹-[도형 편집]-[점 편집]을 클릭한 후 도형에 나타난 검은색 점을 드래그하여 모양을 변경합니다. 이어서 여러 가지 도형을 이용하여 다양한 얼굴 표정을 그려 봅니다.

혼자 할 수 있어요!

01 다음과 같이 프레젠테이션을 작성하고 '색연필.pptx'로 저장해 보세요.

• 완성 파일 : 07_색연필_완성.pptx

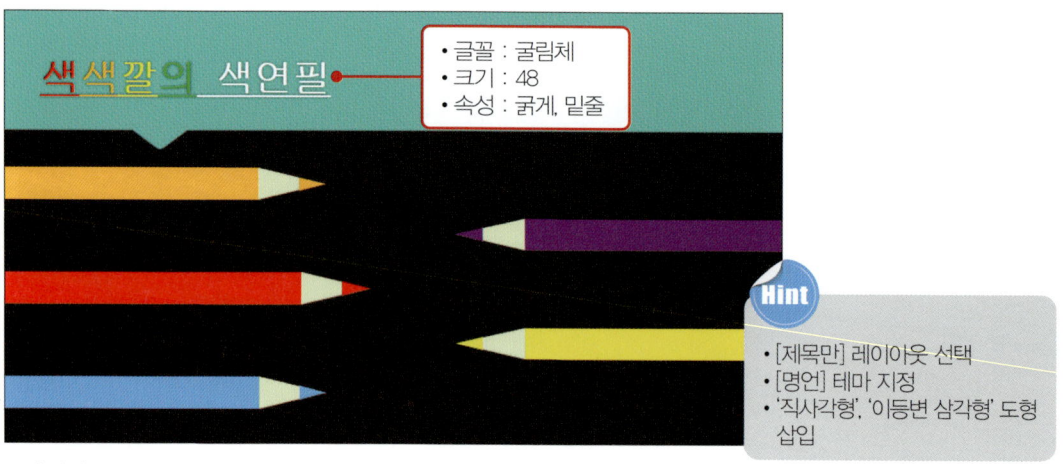

- 글꼴 : 굴림체
- 크기 : 48
- 속성 : 굵게, 밑줄

▲ 슬라이드 1

Hint
- [제목만] 레이아웃 선택
- [명언] 테마 지정
- '직사각형', '이등변 삼각형' 도형 삽입

02 다음과 같이 프레젠테이션을 작성하고 '부엉이.pptx'로 저장해 보세요.

• 완성 파일 : 07_부엉이_완성.pptx

- 글꼴 : 휴먼매직체
- 크기 : 60
- 속성 : 텍스트 그림자, 가운데 맞춤

Hint
- [제목만] 레이아웃 선택
- [추억] 테마 지정
- '타원', '이등변 삼각형', '원형: 비어 있음', '물결', '순서도: 판단', '순서도: 저장 데이터' 도형 삽입

08 워드아트와 스마트아트 삽입하기

- 워드아트를 삽입하여 슬라이드 제목을 작성해요.
- 스마트아트를 삽입하여 슬라이드를 작성해요.

▶ 완성 파일 : 08_행성 소개_완성.pptx

미션 1 워드아트를 삽입하고 꾸며 보아요.

① 슬라이드 레이아웃을 [빈 화면]으로 변경한 후 [삽입] 탭–[텍스트] 그룹–[WordArt(가)]–[채우기: 검정, 텍스트 색 1, 윤곽선: 흰색, 배경색 1, 진한 그림자: 파랑, 강조색 5(**A**)]를 선택합니다.

② 워드아트 개체가 삽입되면 "행성 소개하기"를 입력하고 드래그하여 위치를 이동시킵니다. 이어서 [도형 서식] 탭–[WordArt 스타일]–[텍스트 효과]–[변환]–[원호]를 클릭하여 모양이 변경된 모습을 확인합니다.

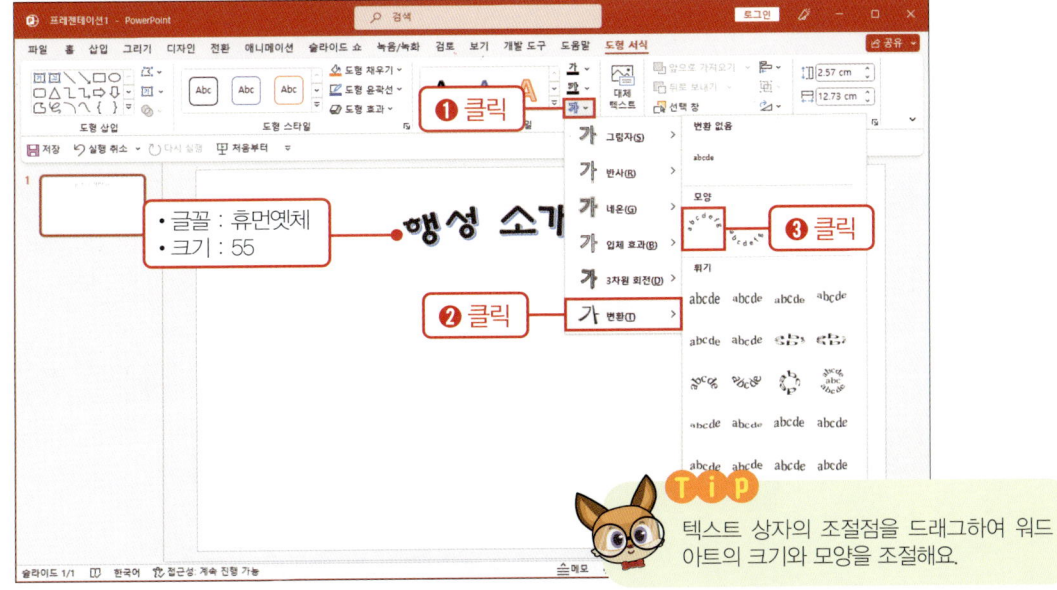

Tip 텍스트 상자의 조절점을 드래그하여 워드아트의 크기와 모양을 조절해요.

스마트아트를 삽입하고 꾸며 보아요.

❶ [삽입] 탭-[일러스트레이션] 그룹-[SmartArt(🖼)]를 클릭한 후 [SmartArt 그래픽 선택] 대화상자가 나타나면 [목록형]-[가로 그림 목록형]을 선택하고 [확인] 단추를 클릭합니다.

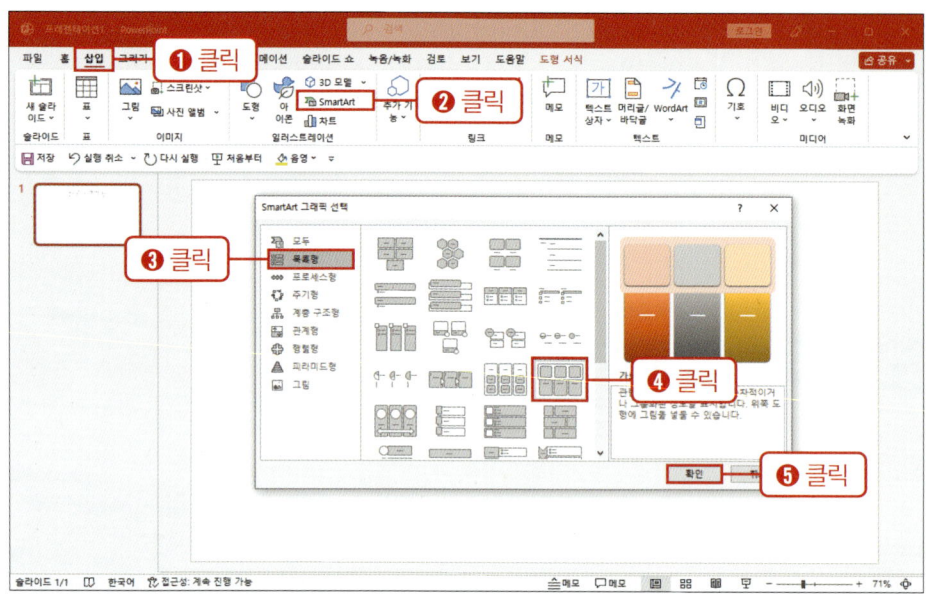

❷ 슬라이드에 삽입된 스마트아트 개체를 선택하여 크기와 위치를 조절한 후 [SmartArt 디자인] 탭-[그래픽 만들기] 그룹-[도형 추가(🖼)]-[뒤에 도형 추가]를 클릭하여 도형을 추가하고 그림과 같이 내용을 입력합니다.

③ [SmartArt 디자인] 탭–[SmartArt 스타일] 그룹–[3차원 - 만화]를 클릭한 후 [색 변경( )]–[색상형 – 색상형 범위 – 강조색 3 또는 4]를 클릭합니다.

④ 이어서 첫 번째 그림 삽입란의 그림 아이콘( )을 클릭하여 [그림 삽입] 대화상자가 나타나면 [파일에서]를 클릭한 후 '지구.png' 파일을 삽입합니다.

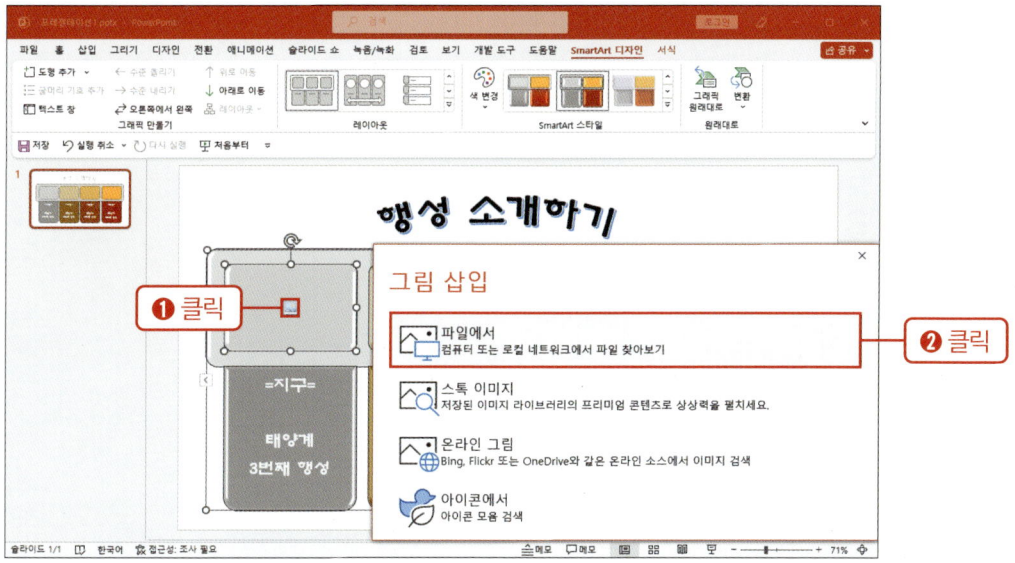

⑤ ④와 같은 방법으로 '화성.png', '목성.png', '토성.png' 파일을 불러와 삽입하고 그림을 선택한 후 [그림 서식] 탭–[크기] 그룹–[자르기( )]–[맞춤]을 클릭하여 그림을 도형 크기에 맞춥니다.

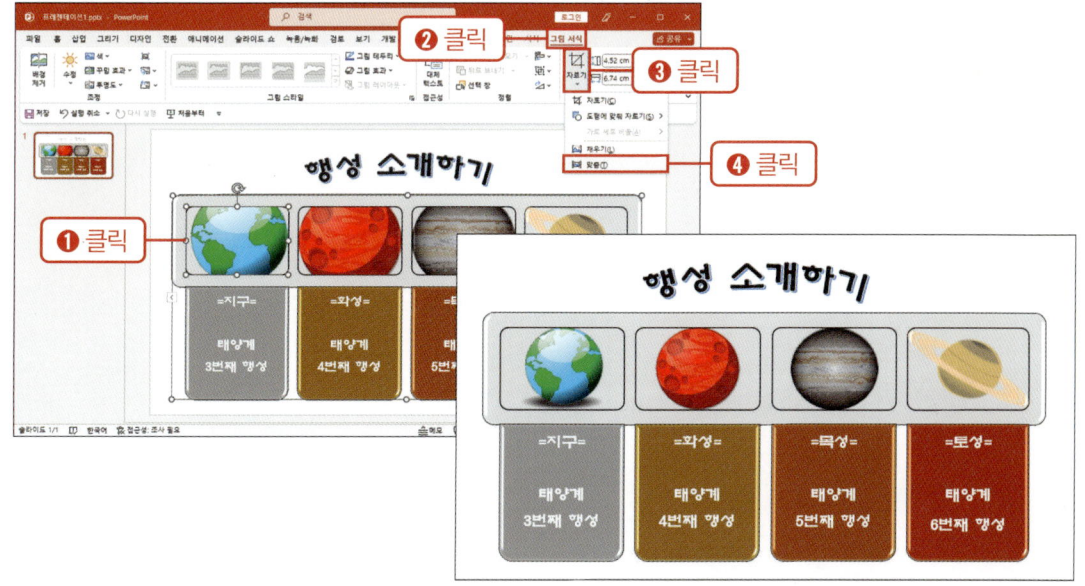

08   혼자 할 수 있어요!

01 다음과 같이 프레젠테이션을 작성하고 '무게 비교.pptx'로 저장해 보세요.

• 완성 파일 : 08_무게 비교_완성.pptx

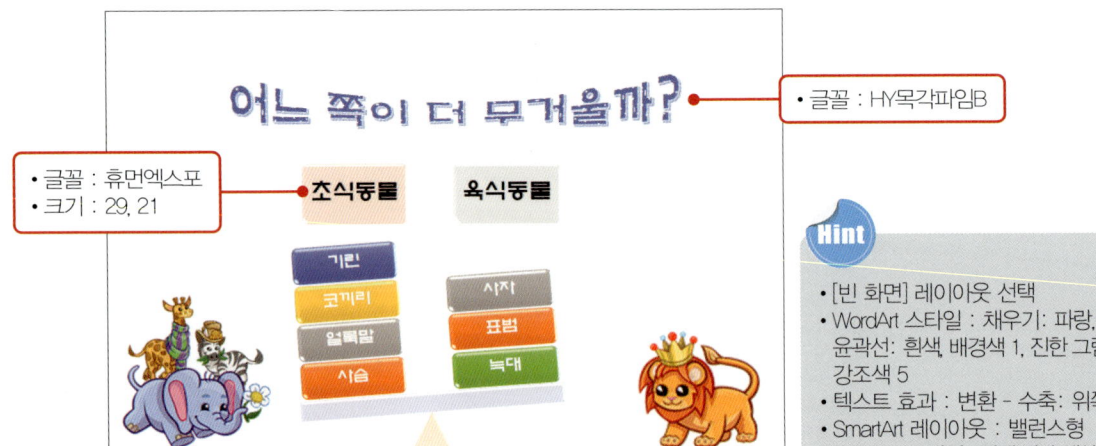

• 글꼴 : HY목각파임B
• 글꼴 : 휴먼엑스포
• 크기 : 29, 21

Hint
- [빈 화면] 레이아웃 선택
- WordArt 스타일 : 채우기: 파랑, 강조색 5, 윤곽선: 흰색, 배경색 1, 진한 그림자: 파랑, 강조색 5
- 텍스트 효과 : 변환 – 수축: 위쪽
- SmartArt 레이아웃 : 밸런스형
- SmartArt 스타일 : 광택 처리, 색상형 - 강조색
- [예제 파일] 폴더에서 그림 삽입

02 다음과 같이 프레젠테이션을 작성하고 '양궁.pptx'로 저장해 보세요.

• 완성 파일 : 08_양궁_완성.pptx

Hint
- [빈 화면] 레이아웃 선택
- WordArt 스타일 : 그라데이션 채우기: 황금색 강조색 4, 윤곽선: 황금색, 강조색 4
- 텍스트 효과 : 변환 – 수축: 아래쪽
- SmartArt 레이아웃 : 기본 과녁형
- SmartArt 스타일 : 단순 채우기, 색상형 - 강조색
- [예제 파일] 폴더에서 그림 삽입

09 표를 이용하여 픽셀아트 도안 만들기

학습목표
- 슬라이드의 방향을 변경해요.
- 표를 삽입하고 표에 숫자를 입력해요.
- 표의 테두리와 음영색을 지정해요.

▶ 완성 파일 : 09_핑크토끼_완성.pptx

미션 1 세로 방향 슬라이드를 만들어 보아요.

① [디자인] 탭–[사용자 지정] 그룹–[슬라이드 크기()]–[사용자 지정 슬라이드 크기]를 클릭한 후 [슬라이드 크기]를 'A4 용지(210×297mm)'로, [방향]을 '세로'로 설정합니다.

② 슬라이드 레이아웃을 [제목만]으로, 슬라이드 테마를 [메트로폴리탄] 테마로 변경한 후 슬라이드 제목을 입력합니다.

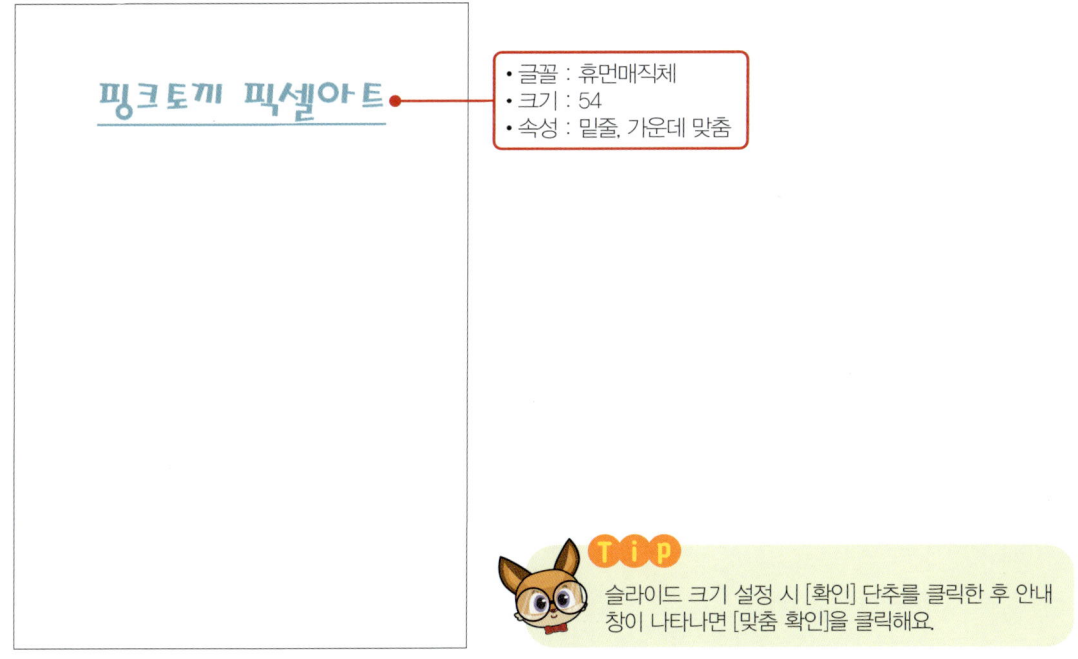

- 글꼴 : 휴먼매직체
- 크기 : 54
- 속성 : 밑줄, 가운데 맞춤

Tip 슬라이드 크기 설정 시 [확인] 단추를 클릭한 후 안내 창이 나타나면 [맞춤 확인]을 클릭해요.

미션 2) 표를 삽입하고 꾸며 보아요.

❶ [삽입] 탭-[표] 그룹-[표(⊞)]-[표 삽입]을 클릭하여 [표 삽입] 대화상자가 나타나면 '열 개수 : 15', '행 개수 : 16'을 입력하고 [확인] 단추를 클릭합니다.

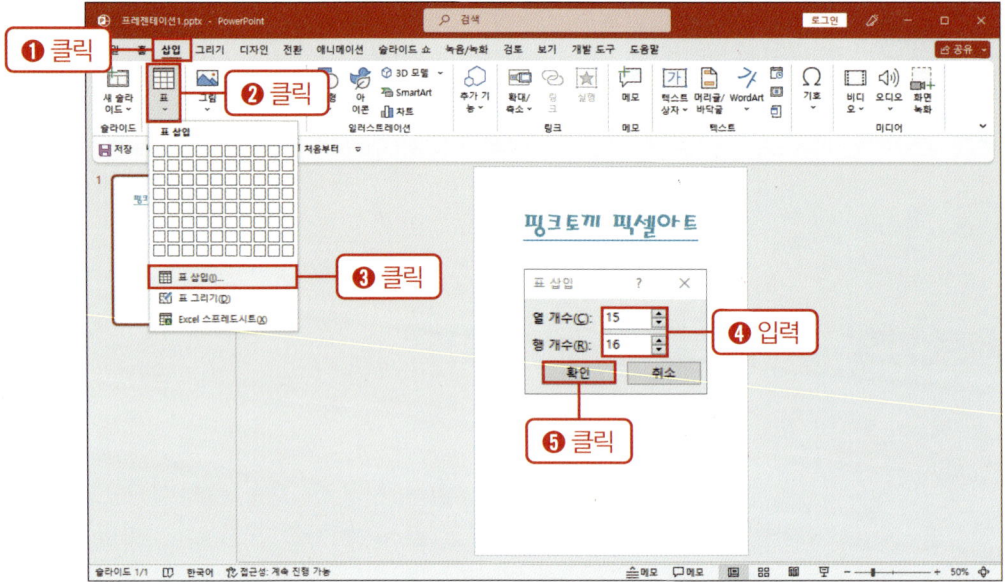

❷ 표가 슬라이드에 삽입되면 표의 조절점을 드래그하여 크기를 조절하고 [테이블 디자인] 탭-[표 스타일] 그룹-[스타일 없음, 표 눈금]을 선택합니다.

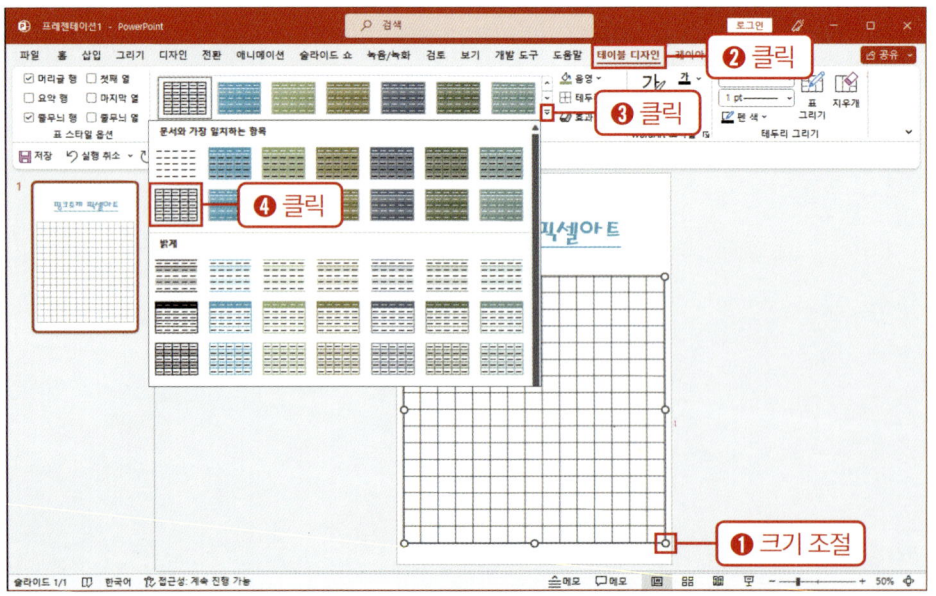

❸ 표 전체를 블록 지정한 후 [테이블 디자인] 탭-[테두리 그리기] 그룹에서 [펜 두께]를 '3 pt'로 지정하고 [펜 색]을 '자주'로 지정합니다.

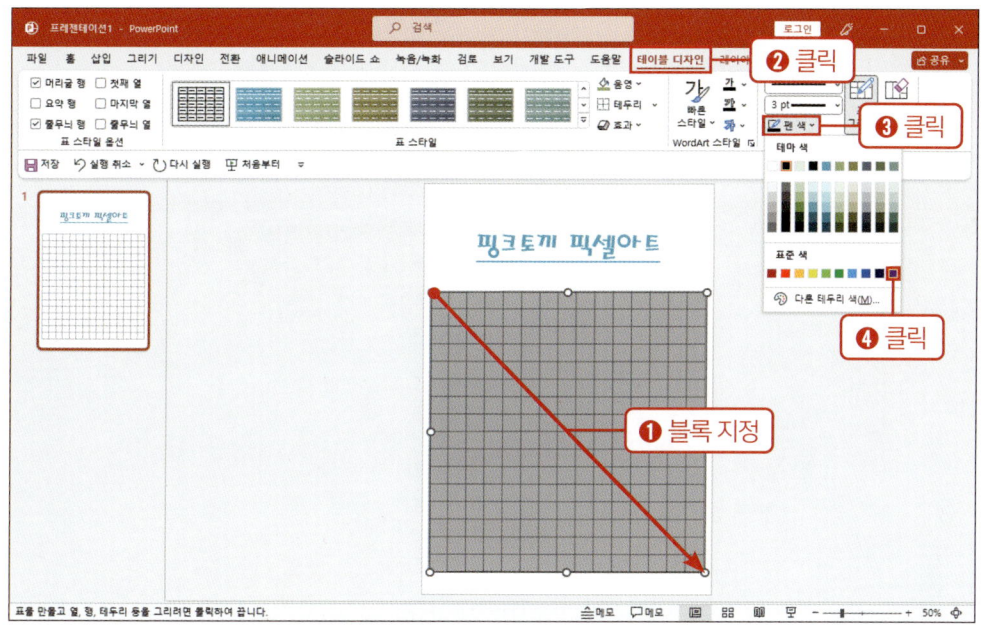

❹ 이어서 [표 스타일] 그룹-[테두리(田)]-[바깥쪽 테두리]를 선택한 후 그림과 같이 숫자를 입력합니다.

								1	1				
			1	1	1			1	1	1			
			1	1	1	1		1	1	1			
			1	1	1			1	1				
			1	1	1			1	1				
			1	1	1	1	2	2	1				
		1	1	1	1	1	1	1	1				
	1	1	1	1	1	1	1	1	1				
	1	1	1	1	1	1	1	1	1				
1	1	1	3	3	3	3	3	1	1	1			
1	1	3	4	3	3	3	3	4	3	1	1		
1	1	3	4	3	3	2	3	3	4	3	1	1	
	1	3	3	3	3	3	3	3	3	1			
		1	3	3	3	3	3	3	1				

 **미션 3** 표에 색을 채워 픽셀아트 도안을 완성해 보아요.

① 표에 입력된 숫자에 해당하는 색상을 지정하고 그림과 같이 영역을 블록 지정한 후 [테이블 디자인] 탭-[표 스타일] 그룹-[음영]-[다른 채우기 색]을 클릭하여 분홍색 계열의 색상을 선택합니다.

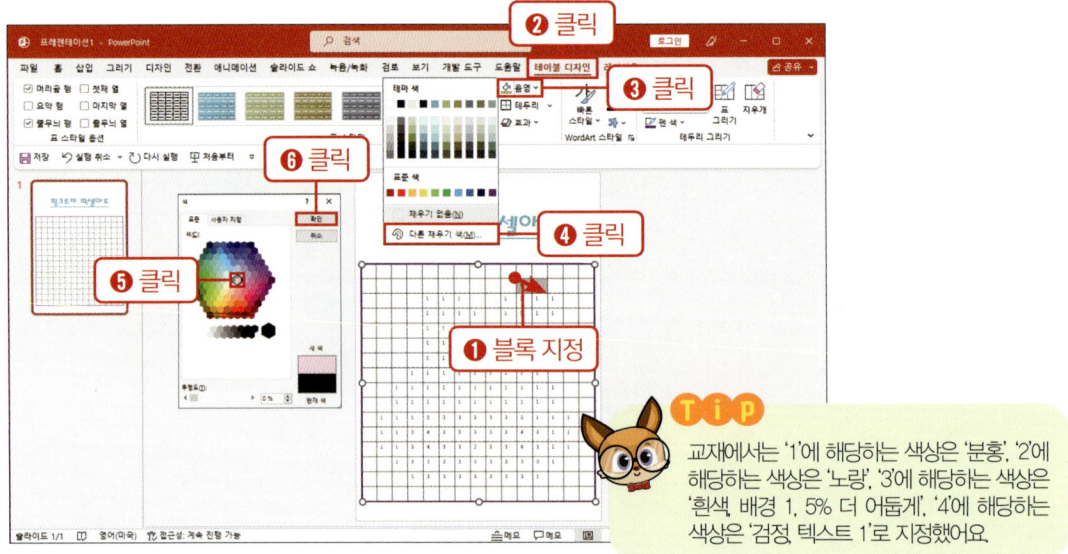

> **Tip**
> 교재에서는 '1'에 해당하는 색상은 '분홍', '2'에 해당하는 색상은 '노랑', '3'에 해당하는 색상은 '흰색, 배경 1, 5% 더 어둡게', '4'에 해당하는 색상은 '검정, 텍스트 1'로 지정했어요.

② 같은 방법으로 각 셀에 숫자에 해당하는 색상을 채워 넣어 핑크토끼 픽셀아트를 완성해 봅니다.

③ 색이 모두 채워지면 셀 전체를 블록 지정한 후 Delete 를 눌러 숫자를 지워 봅니다.

혼자 할 수 있어요!

• 완성 파일 : 09_픽셀아트_완성.pptx

01 다음과 같이 프레젠테이션을 작성하고 '픽셀아트.pptx'로 저장해 보세요.

- 글꼴 : HY견고딕
- 크기 : 54
- 속성 : 굵게

▲ 슬라이드 1

Hint
- A4 용지, 세로 설정
- [제목만] 레이아웃 선택
- [자연 테마] 테마 적용
- '열 개수 : 17', '행 개수 : 17' 표 삽입

▲ 슬라이드 2

10 표를 이용하여 스티커 판 만들기

학습목표
- 표에서 여러 셀을 병합해요.
- 표에 그림을 삽입해요.

▶ 완성 파일 : 10_칭찬스티커_완성.pptx

미션 1 여러 셀을 하나의 셀로 합쳐 보아요.

1. 슬라이드 크기를 [표준(4:3)], 슬라이드 레이아웃을 [빈 화면]으로 변경하고 [삽입] 탭-[표] 그룹-[표()]-[표 삽입]을 클릭하여 [표 삽입] 대화상자가 나타나면 '열 개수 : 10', '행 개수 : 7'을 입력한 후 [확인] 단추를 클릭합니다.

2. 표의 크기를 슬라이드 크기에 맞춘 후 [테이블 디자인] 탭-[표 스타일] 그룹-[밝은 스타일 3 - 강조 2]를 선택합니다.

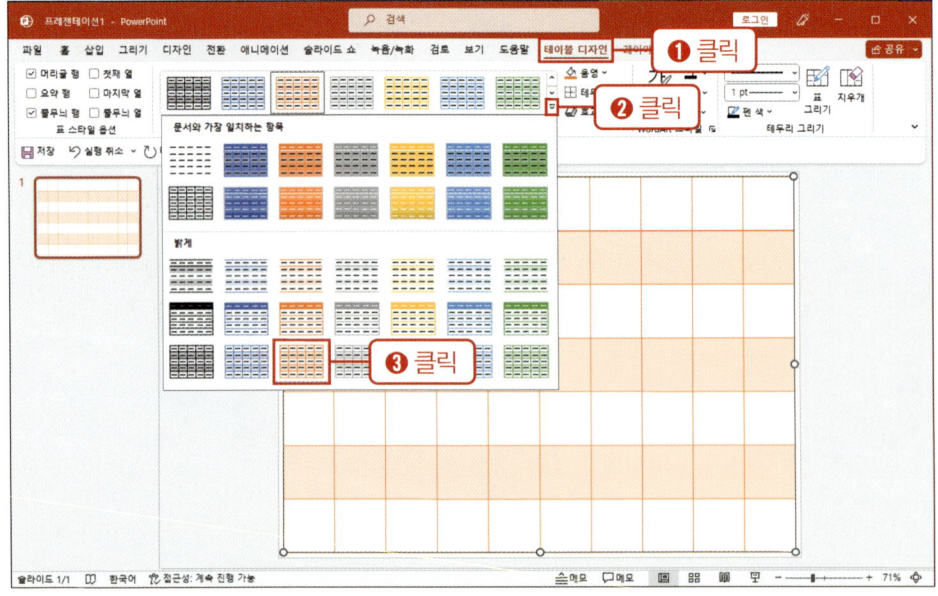

❸ 첫 번째 줄의 첫 번째 칸부터 마지막 칸까지 드래그하여 블록 지정한 후 [레이아웃] 탭-
[병합] 그룹-[셀 병합(　)]을 클릭합니다.

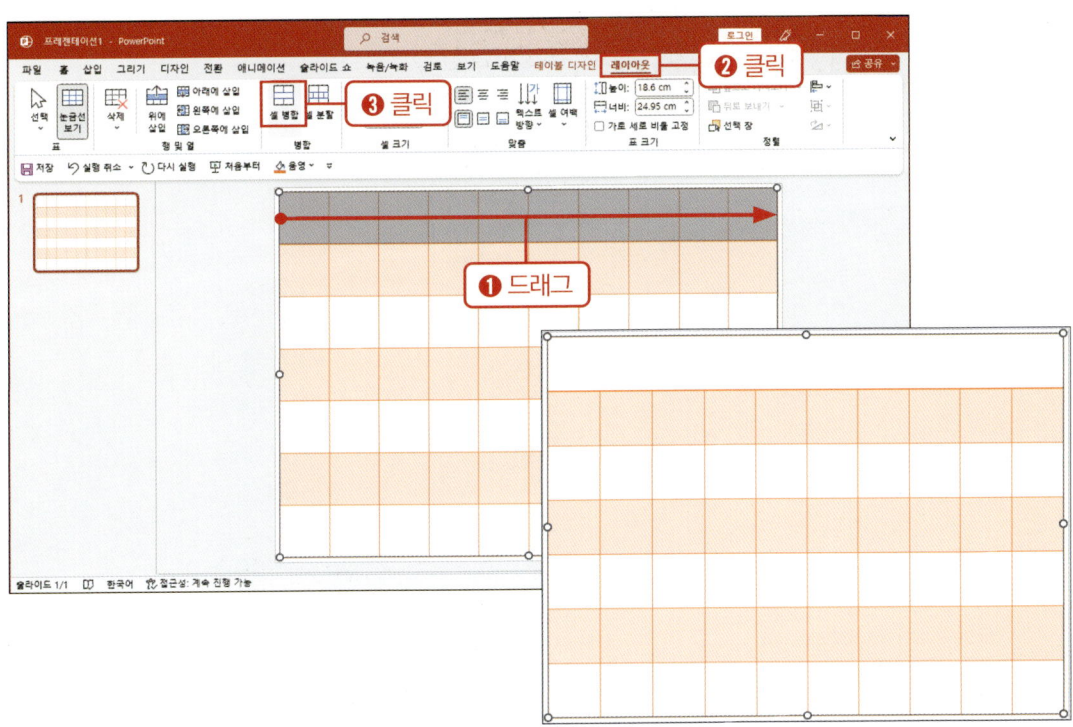

❹ 이어서 [삽입] 탭-[텍스트] 그룹-[WordArt(　)]-[채우기: 주황, 강조색 2, 윤곽선: 주황,
강조색 2(　)]를 선택하여 다음과 같이 제목을 입력합니다.

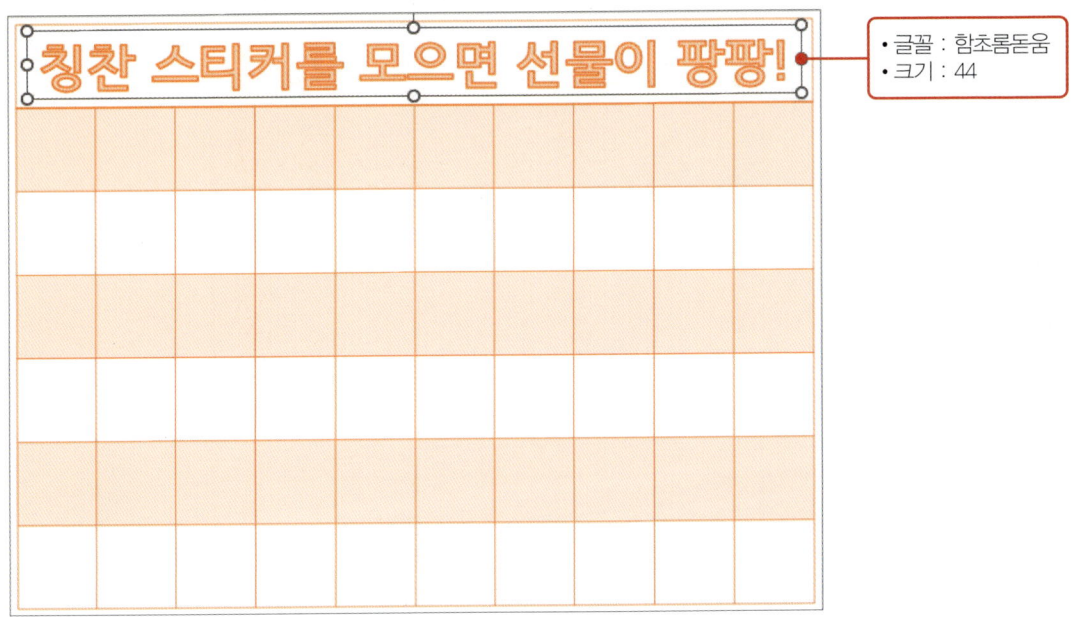

- 글꼴 : 함초롬돋움
- 크기 : 44

5 전체 셀을 블록 지정한 후 [테이블 디자인] 탭-[테두리 그리기] 그룹에서 [펜 두께]-[1 pt], [펜 색]-[진한 빨강]으로 지정하고 [표 스타일] 그룹-[테두리]-[모든 테두리]를 선택합니다.

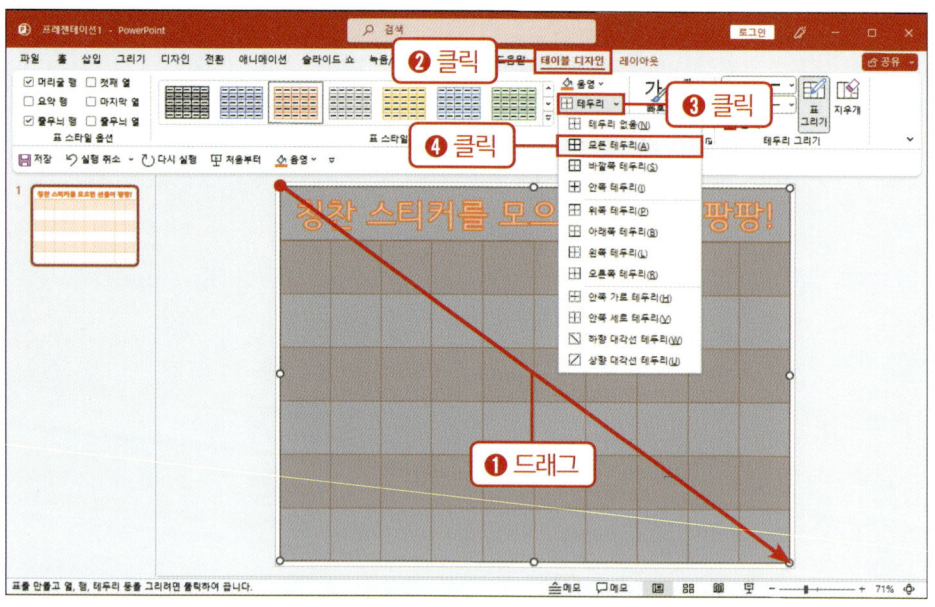

6 이어서 ❸과 같은 방법으로 셀을 병합한 후 [테이블 디자인] 탭-[테두리 그리기] 그룹에서 [펜 두께]를 '6 pt'로 지정하고 [표 스타일] 그룹-[테두리]-[바깥쪽 테두리]를 선택하여 그림과 같이 표를 꾸며 봅니다.

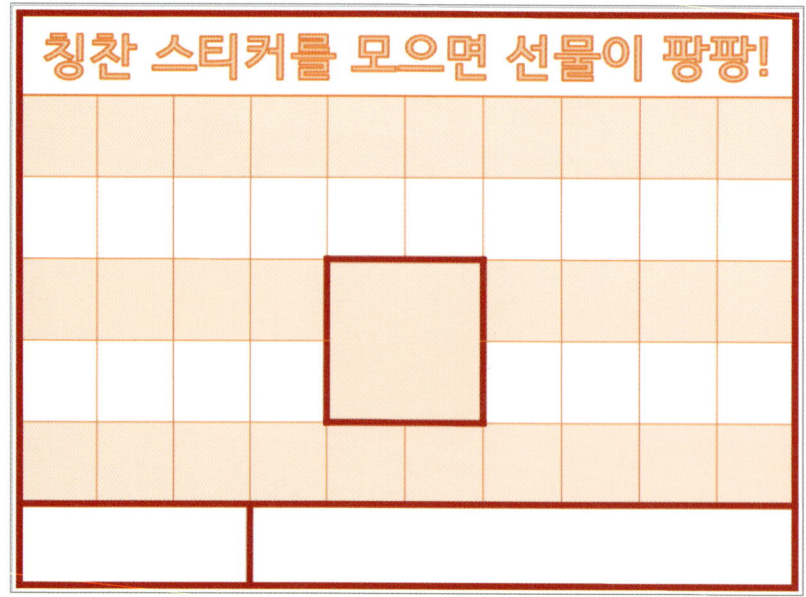

미션 2 그림을 삽입하고 복사해 보아요.

1 [삽입] 탭-[이미지] 그룹-[그림()]-[이 디바이스]를 클릭하여 [그림 삽입] 대화상자가 나타나면 '칭찬1.png' 파일을 선택하고 [삽입] 단추를 클릭합니다.

2 '칭찬1' 그림의 위치와 크기를 조절한 후 `Ctrl` + `Shift` 를 누른 상태로 드래그하여 그림과 같이 셀을 채워 봅니다.

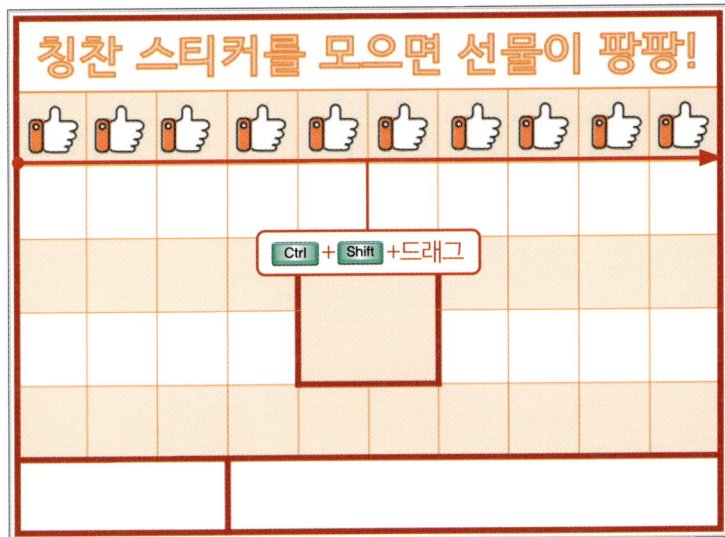

3 '칭찬2.png', '칭찬3.png' 그림을 삽입하고 텍스트를 입력하여 그림과 같이 스티커 판을 완성해 봅니다.

- 글꼴 : 함초롬돋움
- 크기 : 30
- 글꼴 색 : 진한 빨강
- 속성 : 굵게

10  혼자 할 수 있어요!

01 다음과 같이 프레젠테이션을 작성하고 '타자연습표.pptx'로 저장해 보세요.

• 완성 파일 : 10_타자연습표_완성.pptx

- 글꼴 : HY헤드라인M
- 크기 : 35
- 속성 : 밑줄, 텍스트 그림자

Hint
- [빈 화면] 레이아웃 선택
- '열 개수 : 9', '행 개수 : 10'의 표 삽입
- 표 스타일 : 보통 스타일 2 - 강조 6
- [예제 파일] 폴더에서 그림 삽입

02 다음과 같이 프레젠테이션을 작성하고 '독서체크스티커.pptx'로 저장해 보세요.

• 완성 파일 : 10_독서체크스티커_완성.pptx

- 글꼴 : 휴먼매직체
- 크기 : 54
- 글꼴 색 : 임의의 색
- 속성 : 굵게, 기울임꼴, 텍스트 그림자

Hint
- [빈 화면] 레이아웃 선택
- '열 개수 : 9', '행 개수 : 7'의 표 삽입
- 표 스타일 : 보통 스타일 2 - 강조 2
- '두루마리 모양: 가로로 말림' 도형 삽입
- [예제 파일] 폴더에서 그림 삽입

11 여러 모양의 차트 만들기

- 슬라이드에 차트를 삽입해요.
- 차트에 여러 가지 차트 서식을 지정해요.

▶ 완성 파일 : 11_좋아하는 음식_완성.pptx

미션 1 차트를 삽입해 보아요.

① 슬라이드 레이아웃을 [제목 및 내용]으로 변경한 후 그림과 같이 제목을 입력하고 내용 입력란의 [차트 삽입] 아이콘( )을 클릭합니다. [차트 삽입] 대화상자가 나타나면 [세로 막대형]-[묶은 세로 막대형]을 선택하고 [확인] 단추를 클릭합니다.

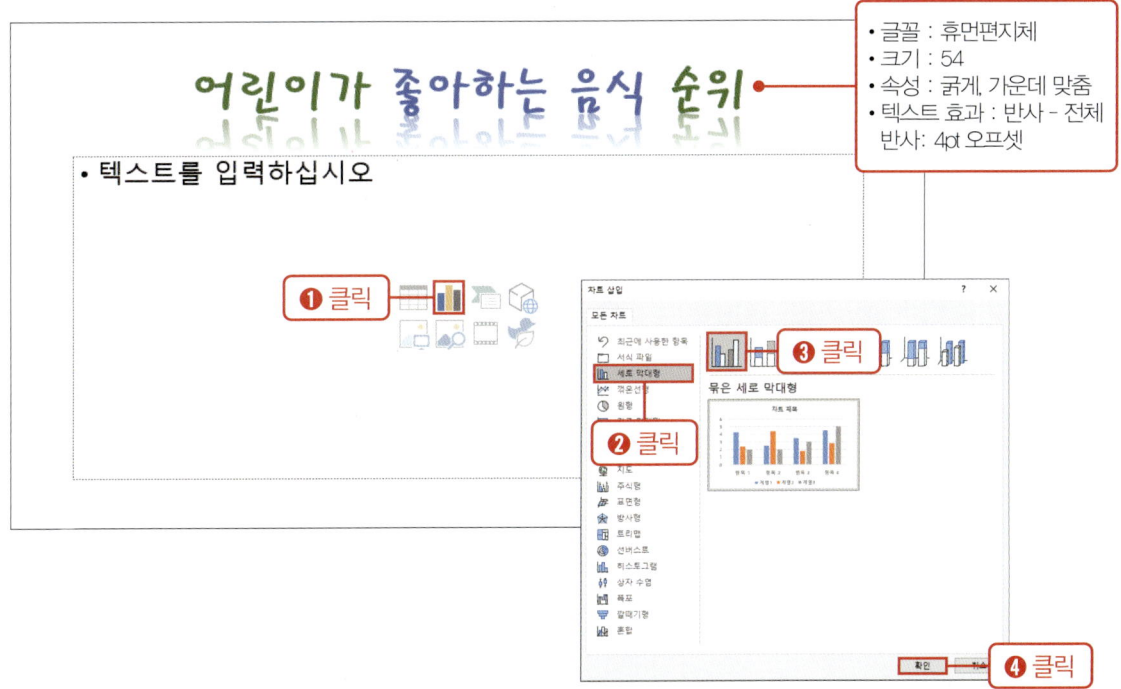

- 글꼴 : 휴먼편지체
- 크기 : 54
- 속성 : 굵게, 가운데 맞춤
- 텍스트 효과 : 반사 – 전체 반사: 4pt 오프셋

② 차트 데이터를 입력할 수 있는 엑셀 창이 나타나면 그림과 같이 데이터를 입력하고 오른쪽 아래의 채우기 핸들을 [B11] 셀까지 드래그한 후 엑셀 창을 닫습니다.

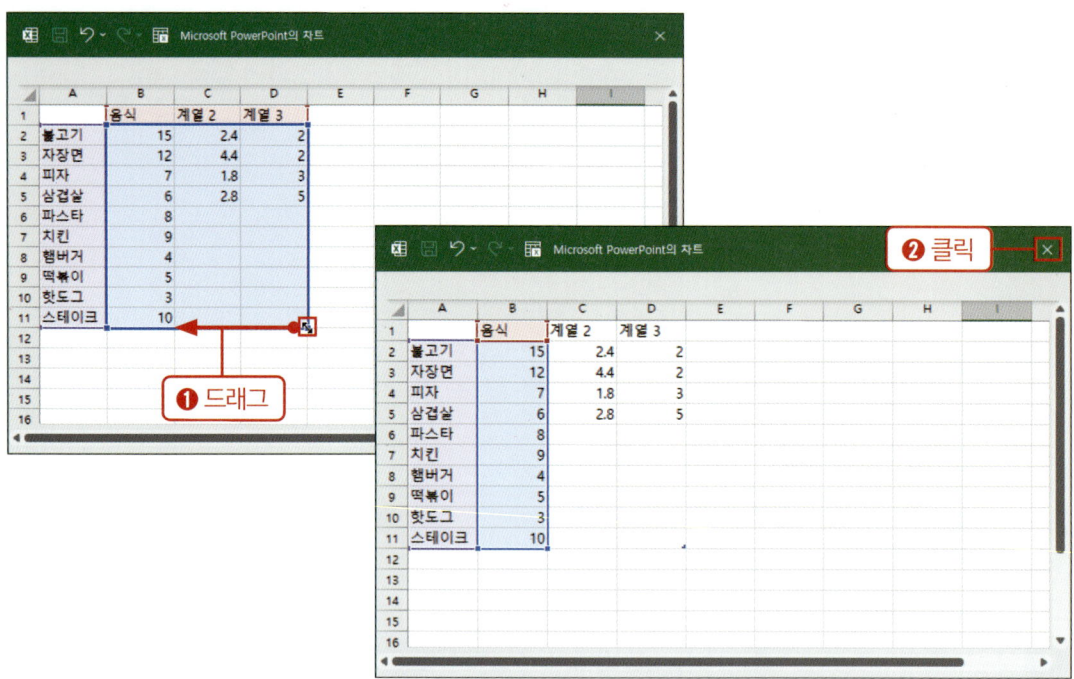

③ 입력한 데이터 내용에 맞게 차트가 삽입된 것을 확인합니다.

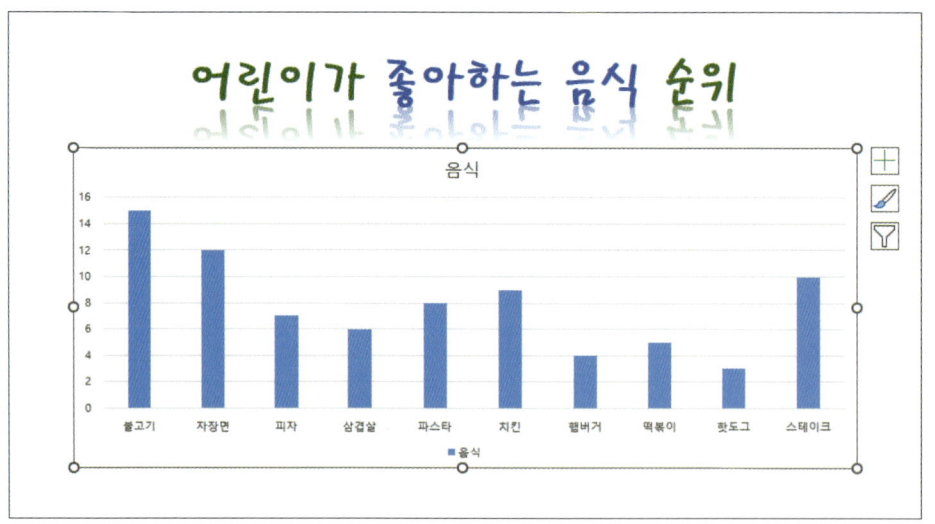

 **미션 2** 차트에 서식을 적용해 보아요.

① 차트를 선택한 후 [차트 디자인] 탭-[차트 스타일] 그룹-[스타일 4]를 클릭합니다. 이어서 차트 제목('음식')을 선택하고 Delete 를 눌러 삭제합니다.

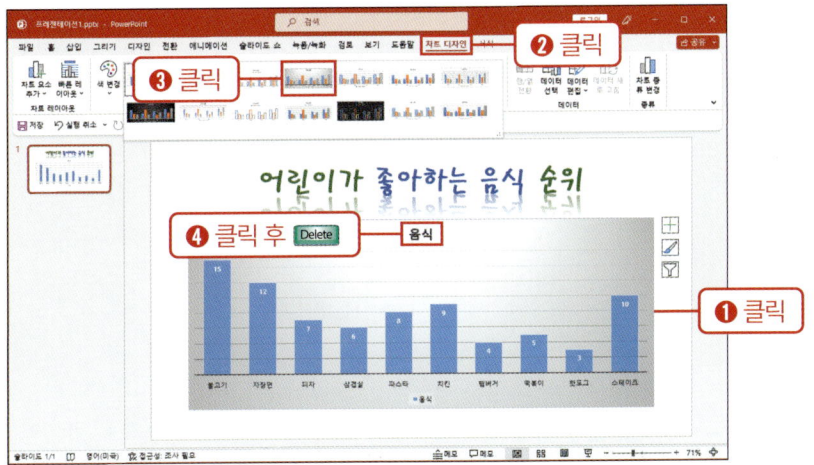

② 차트의 빈 배경을 선택하고 마우스 오른쪽 단추를 클릭하여 바로가기 메뉴가 나타나면 [차트 영역 서식]을 클릭합니다.

③ 화면 오른쪽에 [차트 영역 서식] 창이 나타나면 [채우기 및 선(◇)]-[채우기]-[그림 또는 질감 채우기]-[삽입]을 클릭한 후 '음식.png' 파일을 삽입합니다.

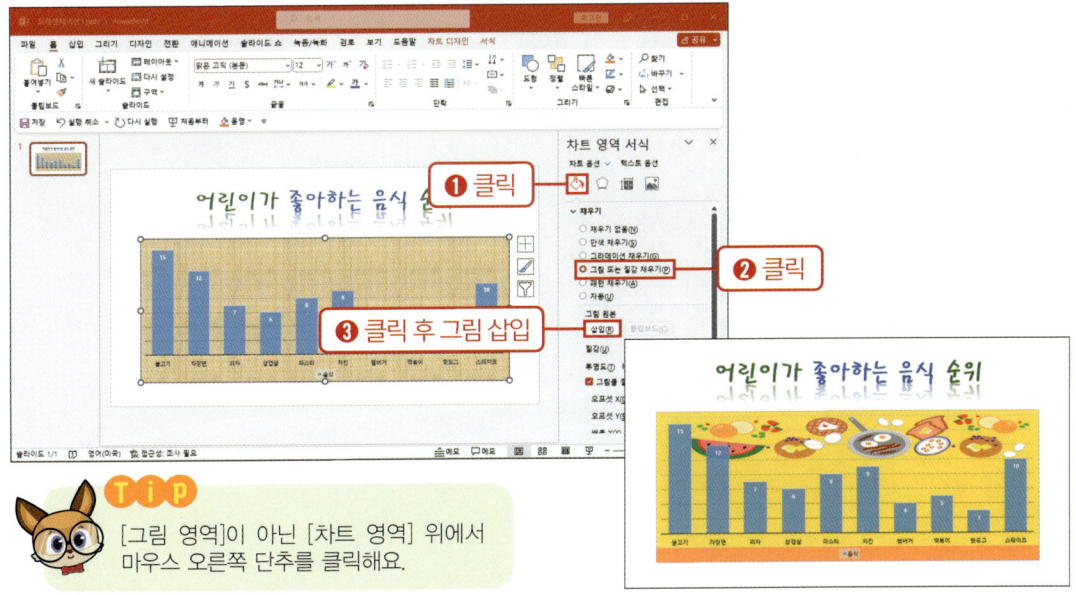

Tip [그림 영역]이 아닌 [차트 영역] 위에서 마우스 오른쪽 단추를 클릭해요.

4 차트를 선택한 후 [차트 디자인] 탭–[차트 스타일] 그룹–[색 변경(🎨)]–[단색형 - 단색 색상표 2]를 클릭합니다.

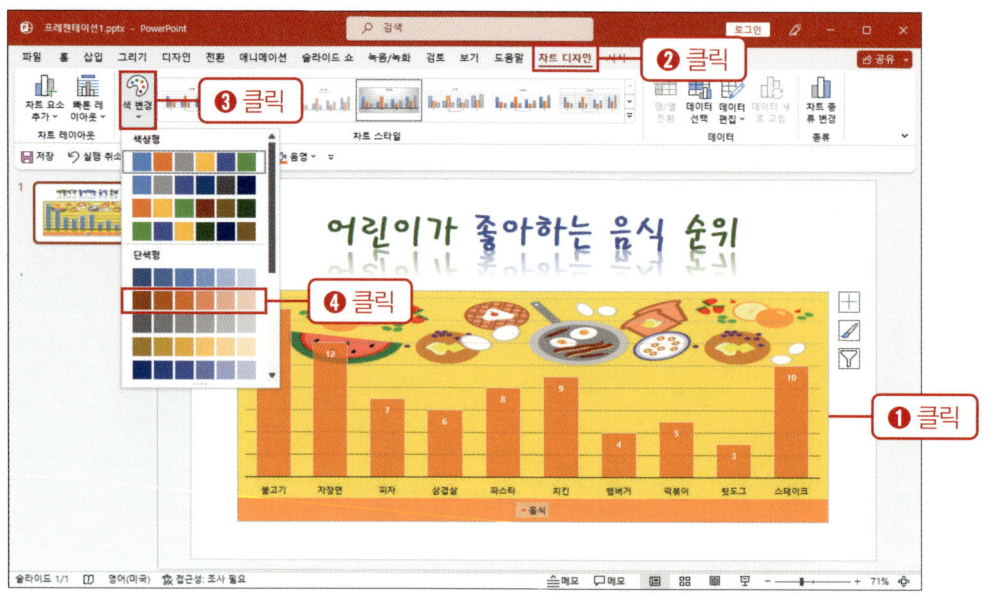

5 결과를 확인하고 '별: 꼭짓점 5개(☆)', '두루마리 모양: 가로로 말림(▭)' 도형과 텍스트 상자를 이용하여 그림과 같이 차트를 완성합니다.

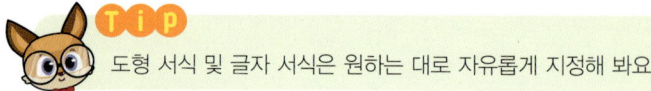
도형 서식 및 글자 서식은 원하는 대로 자유롭게 지정해 봐요.

11 혼자 할 수 있어요!

01 '평균 키.xlsx' 파일의 데이터를 이용하여 다음과 같이 프레젠테이션을 작성하고 '초등학생 평균 키.pptx'로 저장해 보세요.

• 완성 파일 : 11_초등학생 평균 키_완성.pptx

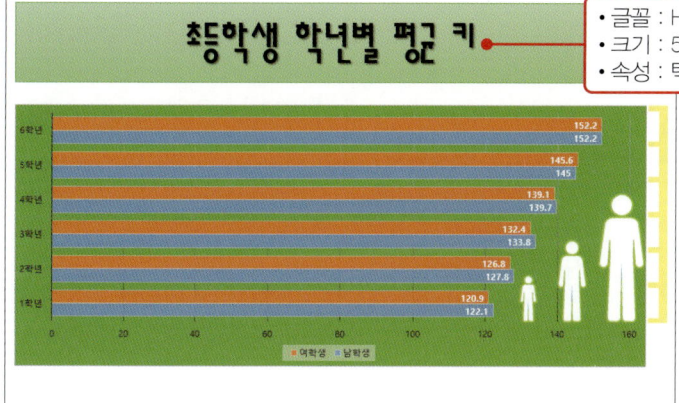

- 글꼴 : HY얕은샘물M
- 크기 : 56
- 속성 : 텍스트 그림자, 가운데 맞춤

Hint
- [제목 및 내용] 레이아웃 선택
- 차트 종류 : 묶은 가로 막대형
- 차트 스타일 : 스타일 3
- 차트 영역 서식 : 단색 채우기 - 녹색, 강조 6
- [예제 파일] 폴더에서 그림 삽입

02 '장래희망.xlsx' 파일의 데이터를 이용하여 다음과 같이 프레젠테이션을 작성하고 '장래희망.pptx'로 저장해 보세요.

• 완성 파일 : 11_장래희망_완성.pptx

- 글꼴 : 휴먼모음T
- 크기 : 44
- 속성 : 가운데 맞춤

Hint
- [제목 및 내용] 레이아웃 선택
- 차트 종류 : 3차원 원형
- 차트 스타일 : 스타일 1
- [예제 파일] 폴더에서 그림 삽입

12 하이퍼링크 설정하기

학습목표
- 도형에 서식을 지정하고 복사해요.
- 도형에 하이퍼링크를 설정해요.

▶ 완성 파일 : 12_이탈리아 관광지_완성.pptx

미션 1 도형에 채우기 효과를 지정해 보아요.

① 슬라이드 레이아웃을 [빈 화면]으로 변경한 후 [삽입] 탭-[텍스트] 그룹-[WordArt()]-[채우기: 파랑, 강조색 5, 윤곽선: 흰색, 배경색 1, 진한 그림자: 파랑, 강조색 5(A)]를 이용해 제목을 작성합니다.

② 슬라이드 영역에서 마우스 오른쪽 단추를 클릭하여 바로가기 메뉴가 나타나면 [배경 서식]을 클릭합니다. 이어서 [채우기]-[그라데이션 채우기]-[그라데이션 미리 설정]-[위쪽 스포트라이트 강조 1]을 클릭합니다.

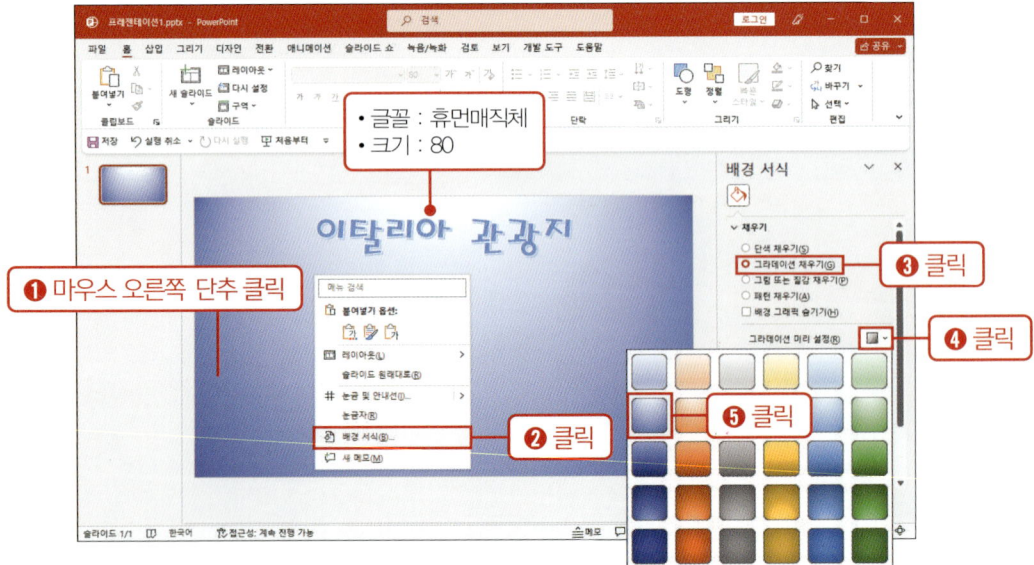

③ [삽입] 탭-[일러스트레이션] 그룹-[도형(　)]-[두루마리 모양: 가로로 말림(　)]을 선택한 후 도형을 삽입합니다.

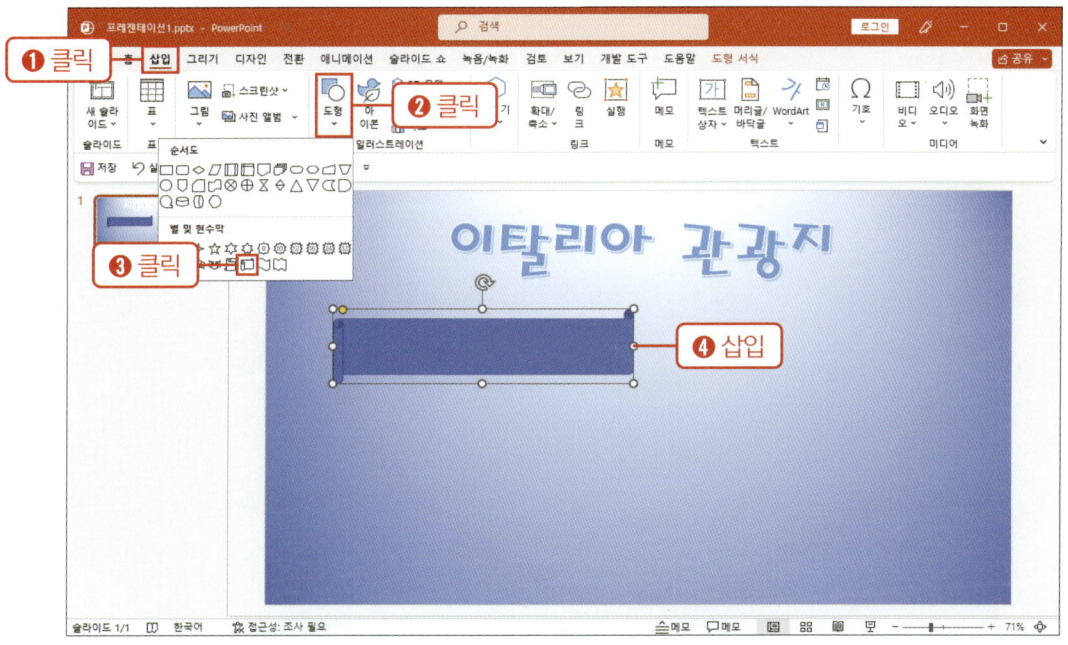

④ 도형을 선택한 후 Ctrl 을 누른 상태로 드래그하여 도형을 복사한 후 그림과 같이 입력하고 도형의 색상을 변경합니다.

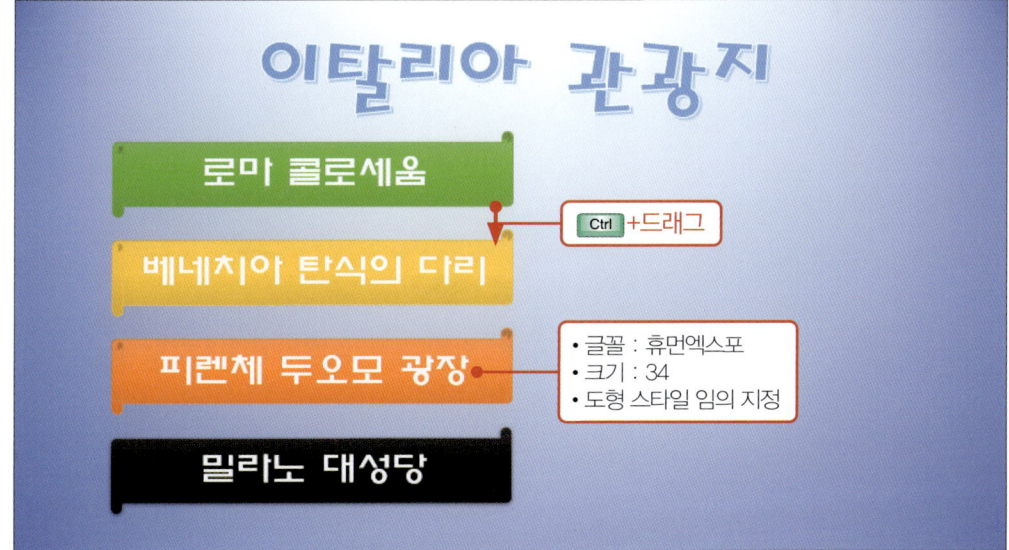

❺ [삽입] 탭-[이미지] 그룹-[그림(🖼)]-[이 디바이스]를 클릭하여 [그림 삽입] 대화상자가 나타나면 '이탈리아 국기.png', '이탈리아 지도.png' 파일을 선택한 후 [삽입] 단추를 클릭하여 그림을 삽입합니다.

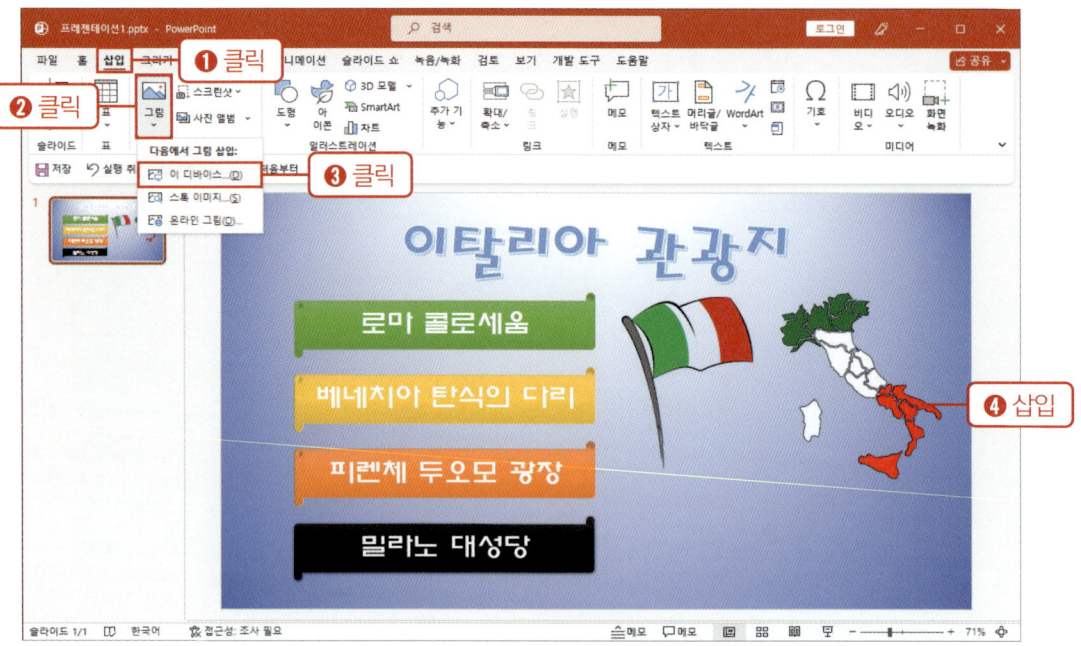

❻ 이어서 [삽입] 탭-[일러스트레이션] 그룹-[도형(⬠)]-[설명선: 위쪽 화살표(⬆)] 도형을 삽입한 후 그림과 같이 내용을 입력합니다.

- 글꼴 : 휴먼엑스포
- 크기 : 40
- 도형 채우기 : 진한 빨강
- 도형 윤곽선 : 윤곽선 없음

 **미션 2** **도형에 하이퍼링크를 설정해 보아요.**

❶ '이탈리아로 go go!!' 도형을 선택한 후 [삽입] 탭–[링크] 그룹–[링크(🔗)]를 클릭하여 [하이퍼링크 삽입] 대화상자가 나타나면 [기존 파일/웹 페이지]에서 '로마 영상.mp4' 파일을 선택하고 [확인] 단추를 클릭합니다.

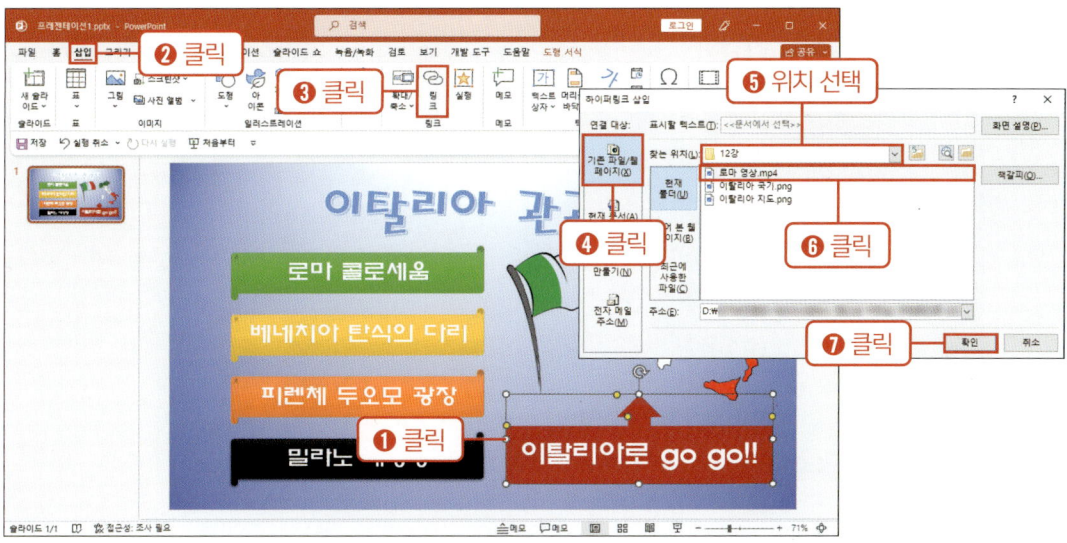

❷ [슬라이드 쇼] 탭–[슬라이드 쇼 시작] 그룹–[처음부터(🖥)]를 클릭하고 '이탈리아로 go go!!' 도형을 클릭하여 이탈리아 영상을 감상해 봅니다.

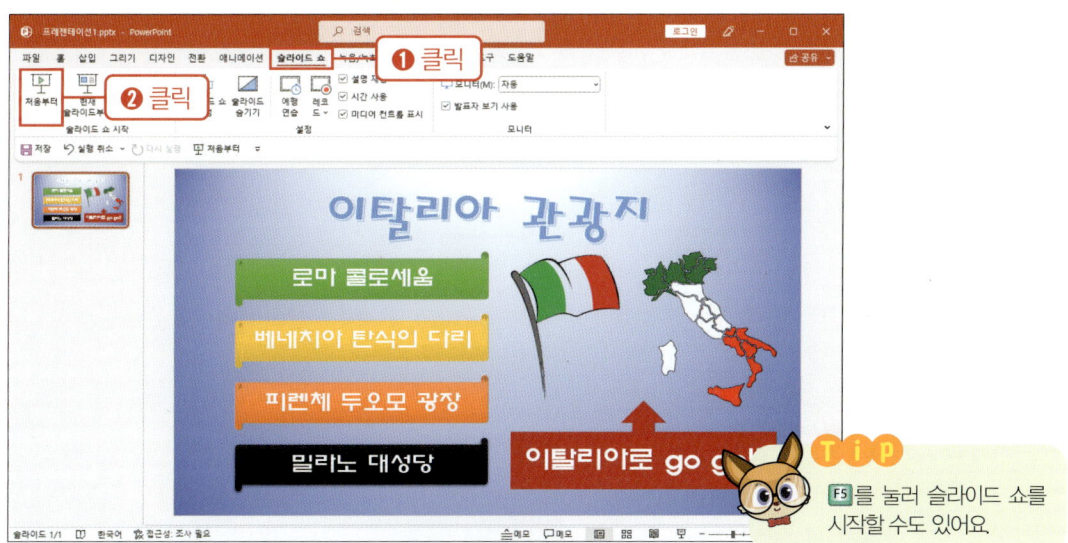

> **Tip**
> F5를 눌러 슬라이드 쇼를 시작할 수도 있어요.

❸ Esc 를 눌러 슬라이드 쇼를 종료합니다.

12   혼자 할 수 있어요!

• 완성 파일 : 12_자연재해_완성.pptx

01 다음과 같이 슬라이드를 완성하고 '토네이도', '화산' 그림을 클릭하면 각각에 해당하는 영상이 재생되도록 한 후 '자연재해.pptx'로 저장해 보세요.

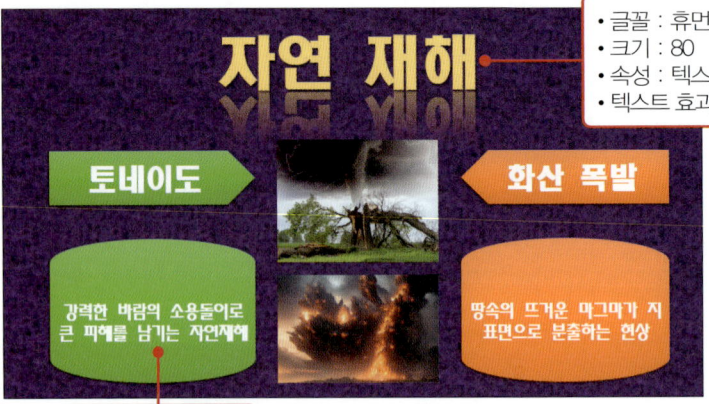

- 글꼴 : 휴먼둥근헤드라인
- 크기 : 80
- 속성 : 텍스트 그림자
- 텍스트 효과 : 반사 – 전체 반사: 8pt 오프셋

- 글꼴 : 휴먼모음T
- 크기 : 25
- 속성 : 굵게

Hint
- [빈 화면] 레이아웃 선택
- 워드아트로 제목 작성
- '자주 편물' 질감 추가
- '토네이도', '화산' 그림에 하이퍼링크 설정

02 슬라이드 쇼에서 '토네이도', '화산' 그림을 클릭하여 영상을 감상해 봅니다.

13 슬라이드 마스터 지정하기

- 슬라이드 마스터를 설정해요.
- 도형, 사진, 텍스트를 삽입하여 강아지를 소개해요.

▶ 완성 파일 : 13_강아지가 좋아요_완성.pptx

미션 1 슬라이드 마스터를 지정해 보아요.

① 슬라이드 영역에서 마우스 오른쪽 단추를 클릭하여 바로가기 메뉴가 나타나면 [배경 서식]을 클릭한 후 [채우기]-[그림 또는 질감 채우기]-[삽입] 단추를 클릭하여 '배경.png' 파일을 삽입합니다.

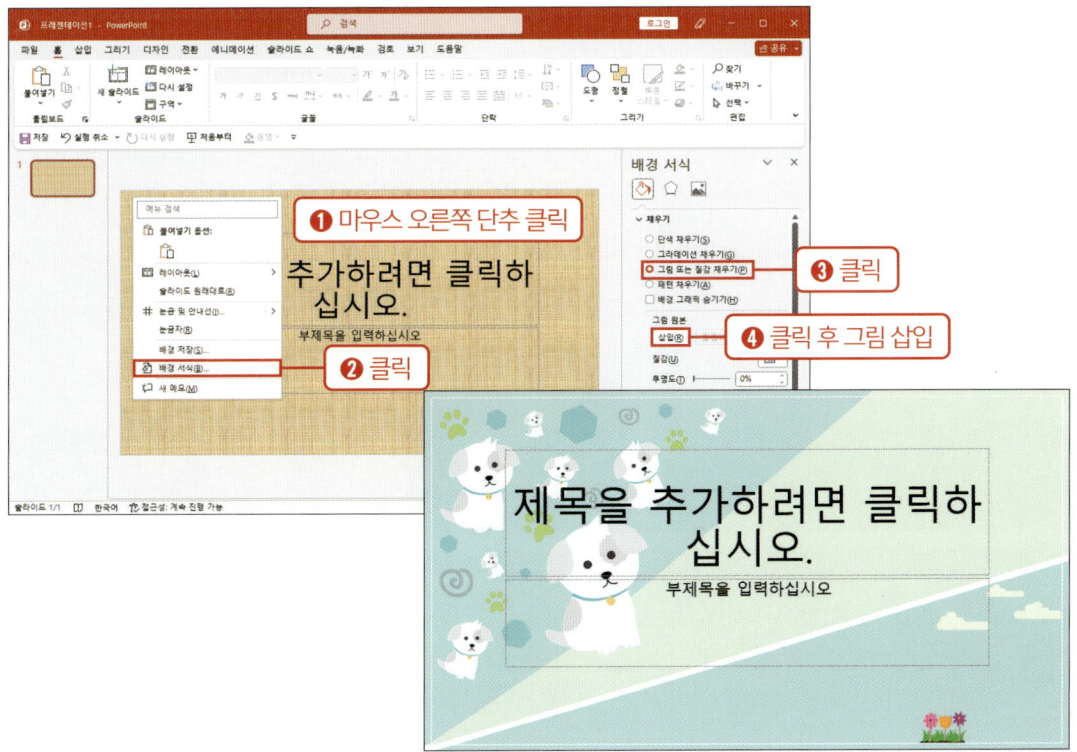

❷ 그림과 같이 제목과 부제목을 입력한 후 '강아지.png' 파일을 삽입합니다.

❸ [홈] 탭-[슬라이드] 그룹-[새 슬라이드(□)]-[제목만] 슬라이드를 3개 삽입하여 총 4개의 슬라이드를 만듭니다. 이어서 [보기] 탭-[마스터 보기] 그룹-[슬라이드 마스터(□)]를 클릭한 후 제목을 입력하고 [삽입] 탭-[이미지] 그룹-[그림(□)]-[이 디바이스]를 클릭하여 [그림 삽입] 대화상자가 나타나면 '마스터배경.png', '슬라이드마스터.png' 파일을 삽입합니다.

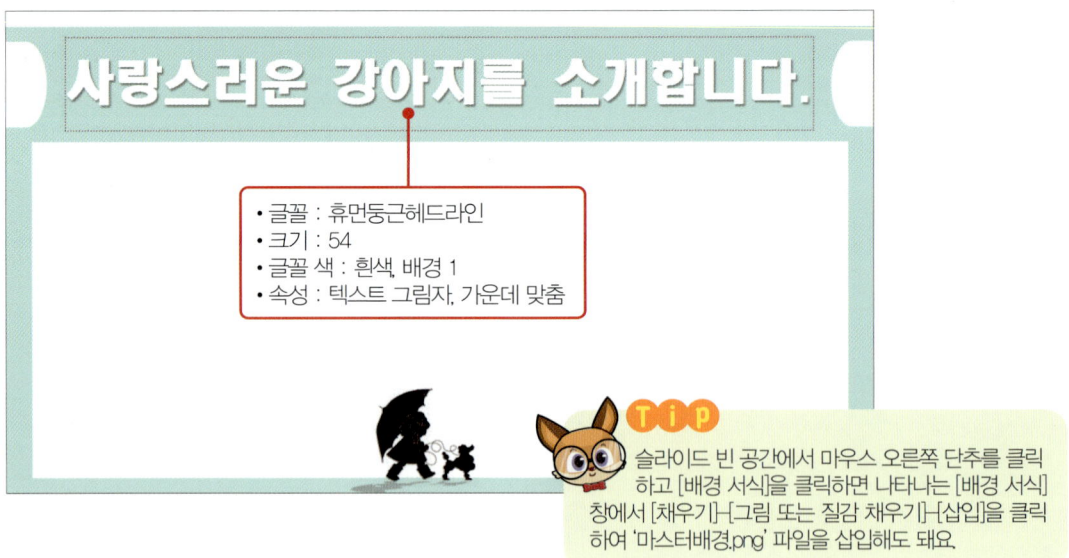

❹ [슬라이드 마스터] 탭-[닫기] 그룹-[마스터 보기 닫기(☒)]를 클릭하여 슬라이드 마스터에서 지정한 내용이 두 번째~네 번째 슬라이드에 적용된 것을 확인합니다.

 **슬라이드에 도형과 텍스트를 삽입해 보아요.**

① 두 번째 슬라이드에서 네 번째 슬라이드까지 그림과 같이 도형을 삽입하고 속성을 지정합니다.

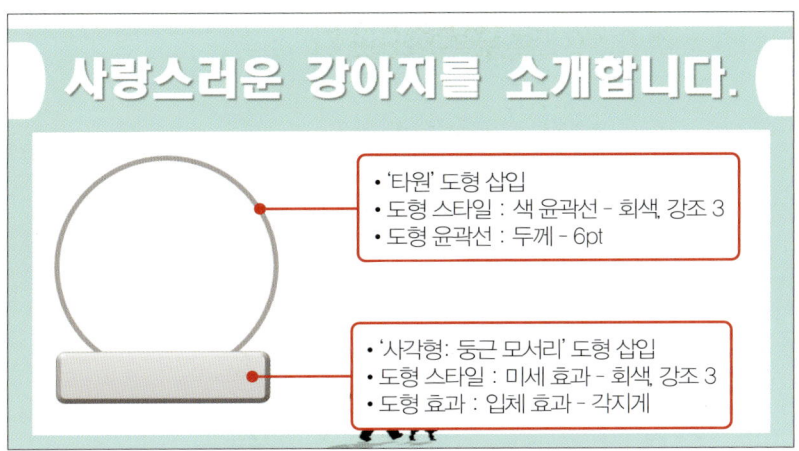

② 두 번째 슬라이드에서 네 번째 슬라이드까지 그림과 같이 강아지 이미지를 삽입하고 내용을 입력합니다.

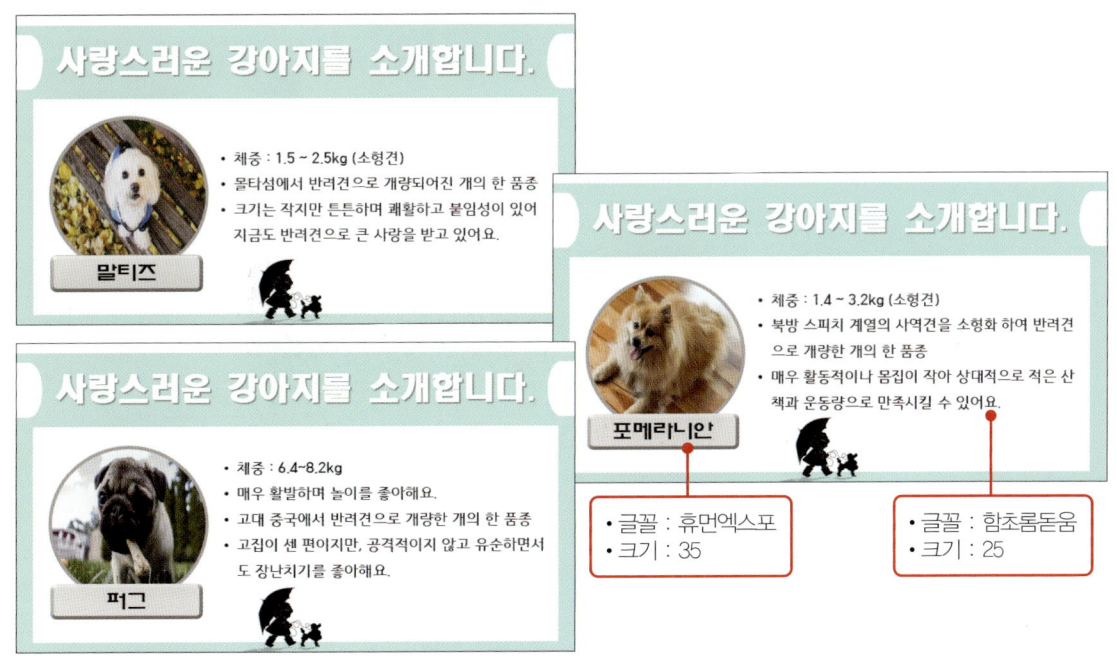

③ [슬라이드 쇼] 탭-[슬라이드 쇼 시작] 그룹-[처음부터]를 클릭하여 결과를 확인합니다.

13 혼자 할 수 있어요!

• 예제 파일 : 13_강아지가 좋아요(혼자).pptx
• 완성 파일 : 13_강아지가 좋아요(혼자)_완성.pptx

01 다음과 같이 슬라이드를 완성하고 '강아지가 좋아요(혼자).pptx'로 저장해 보세요.

사랑스러운 강아지를 소개합니다.

비숑프리제

- 체중 : 5~8kg
- 희고 곱슬거리는 털을 가진 반려견으로 목을 당당하게 들고 쾌활하게 걷는 특징
- 보호자에 대해 깊은 애착을 가지고 성격이 좋아 가족 구성원들과 잘 지내요

사랑스러운 강아지를 소개합니다.

닥스훈트

- 체중 : 5 ~ 8kg
- 다리가 짧고 허리가 긴 특징을 가진 독일의 오소리 사냥개
- 용감하고 민첩하고 성격은 장난스러우며 활동하는 것을 좋아해요.

사랑스러운 강아지를 소개합니다.

푸들

- 체중 : 스탠다드(18.1~31.8kg), 토이(1.8~2.7kg)
- 독일에서 오리 사냥을 목적으로 개량된 품종
- 사냥개 출신답게 매우 눈치가 빠르고 똑똑한 편이며, 성격은 활발해요.

사랑스러운 강아지를 소개합니다.

웰시코기

- 체중 : 10 ~ 12kg
- 영국에서 목축견으로 개량된 개의 한 품종으로, 다리가 짧은 것이 특징
- 가족과 함께 노는 것을 즐기고 훈련에 잘 반응하는 밝은 성격, 보호자에 대한 충성심이 높은 편이에요.

14 화면 전환과 실행 단추 만들기

학습목표

- 슬라이드 화면 전환을 실행해요.
- 실행 단추를 이용하여 슬라이드를 이동해요.

▶ 예제 파일 : 14_강아지가 좋아요.pptx
▶ 완성 파일 : 14_강아지가 좋아요_완성.pptx

미션 1 슬라이드 화면 전환 효과를 지정해 보아요.

 예제 파일을 불러온 후 첫 번째 슬라이드를 선택하고 [전환] 탭-[슬라이드 화면 전환] 그룹-[화려한 효과]-[상자(□)]를 선택합니다.

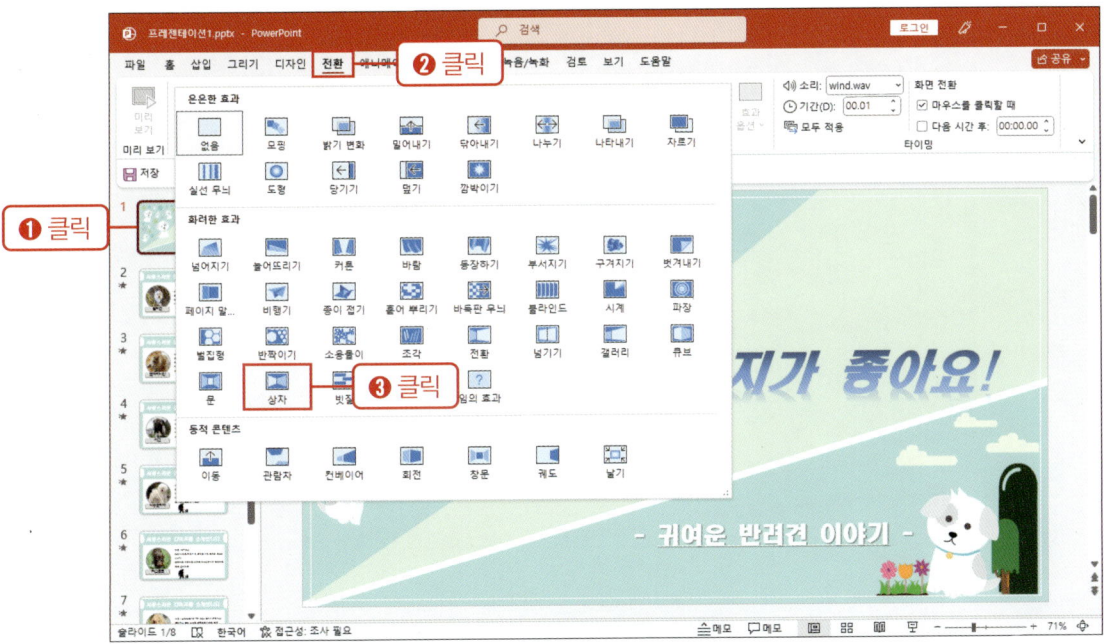

❷ [타이밍] 그룹에서 [소리]를 '바람'으로 선택한 후 [기간]을 '02.00'으로 지정합니다.

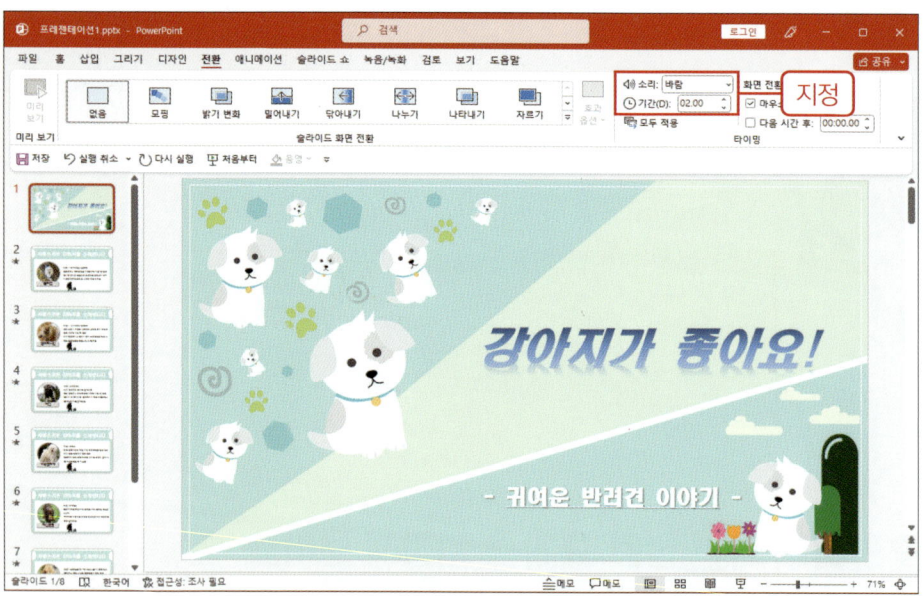

❸ 이어서 [모두 적용]을 클릭합니다.

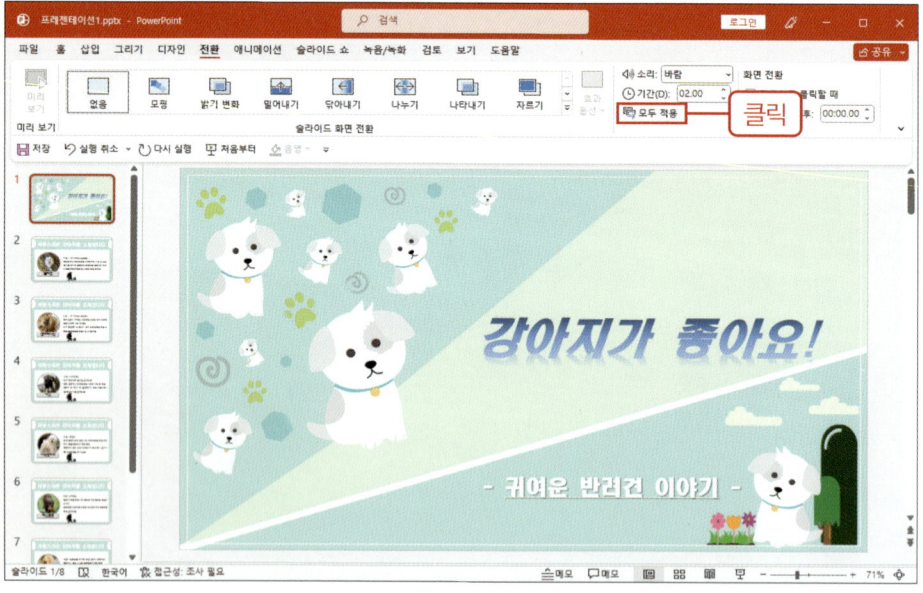

❹ [슬라이드 쇼] 탭-[슬라이드 쇼 시작] 그룹-[처음부터(🖳)]를 클릭하여 화면 전환 효과와 소리를 확인합니다.

 **실행 단추를 삽입하여 슬라이드를 이동해 보아요.**

① 두 번째 슬라이드를 선택하고 [삽입] 탭-[일러스트레이션] 그룹-[도형(⚪)]-[실행 단추: 홈으로 이동(🏠)]을 클릭한 후 그림과 같이 삽입합니다. [실행 설정] 대화상자가 나타나면 [소리 재생] 항목을 선택한 후 [다른 소리]를 클릭합니다.

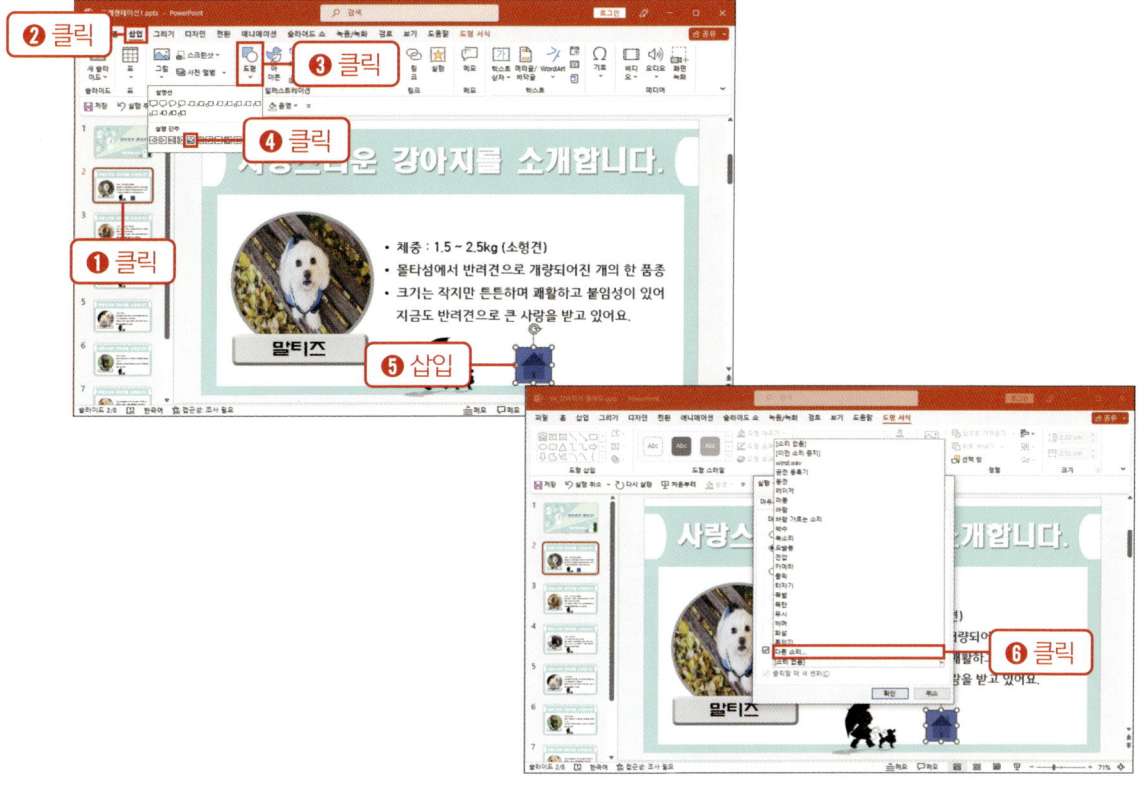

② [오디오 추가] 대화상자에서 '처음으로.wav' 파일을 선택한 후 [확인] 단추를 클릭하고 [실행 설정] 대화상자에서도 [확인] 단추를 클릭합니다.

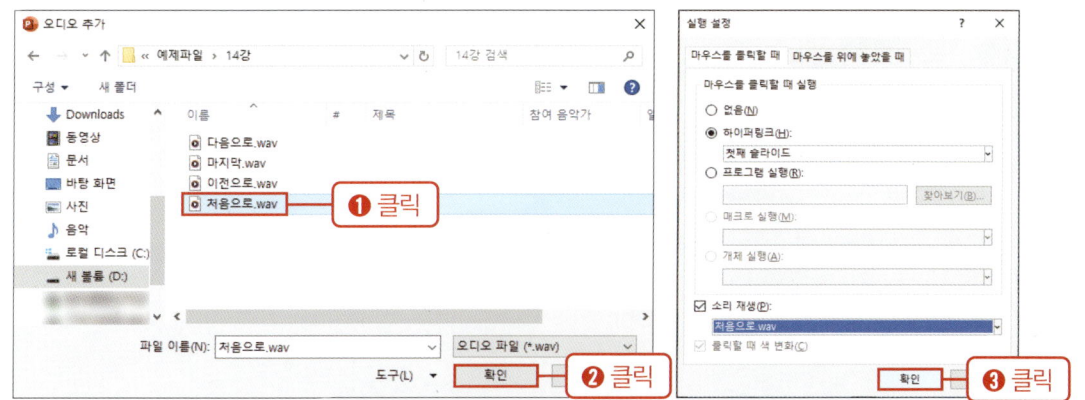

❸ 삽입된 실행 단추를 선택한 후 [도형 서식] 탭-[도형 스타일] 그룹-[반투명 - 회색, 강조 3, 윤곽선 없음]을 선택하여 도형 스타일을 변경합니다.

❹ 실행 단추를 선택하고 Ctrl + C 를 눌러 복사한 후 나머지 슬라이드에 붙여 넣습니다. [슬라이드 쇼] 탭-[슬라이드 쇼 시작] 그룹-[처음부터]를 클릭하여 실행 단추를 클릭할 때마다 첫 번째 슬라이드가 나타나는지 확인합니다.

14  혼자 할 수 있어요!

• 예제 파일 : 14_강아지가 좋아요(혼자).pptx
• 완성 파일 : 14_강아지가 좋아요(혼자)_완성.pptx

01 예제 파일을 불러온 후 실행 단추를 이용하여 다음과 같이 슬라이드를 완성하고 '강아지가 좋아요(혼자).pptx'로 저장해 보세요.

Hint
• [실행 설정] 대화상자에서 소리 파일 추가
• 도형 스타일 : 반투명 - 회색, 강조 3, 윤곽선 없음

02 모든 실행 단추를 다른 슬라이드에 복사한 후 [슬라이드 쇼]를 실행하여 결과를 확인해 보세요.

15 사용자 지정 애니메이션 지정하기

학습목표

- 사용자 지정 애니메이션을 지정해요.
- 애니메이션 효과를 다양하게 지정해요.

▶ 예제 파일 : 15_강아지가 좋아요.pptx
▶ 완성 파일 : 15_강아지가 좋아요_완성.pptx

미션 1 사용자 지정 애니메이션을 지정해 보아요.

 예제 파일을 불러온 후 첫 번째 슬라이드의 제목 상자를 선택하고 [애니메이션] 탭–[애니메이션] 그룹–[나타내기]–[시계 방향 회전]을 클릭합니다. 이어서 [애니메이션] 그룹–[효과 옵션(▨)]–[살 8개(8)]를 선택합니다.

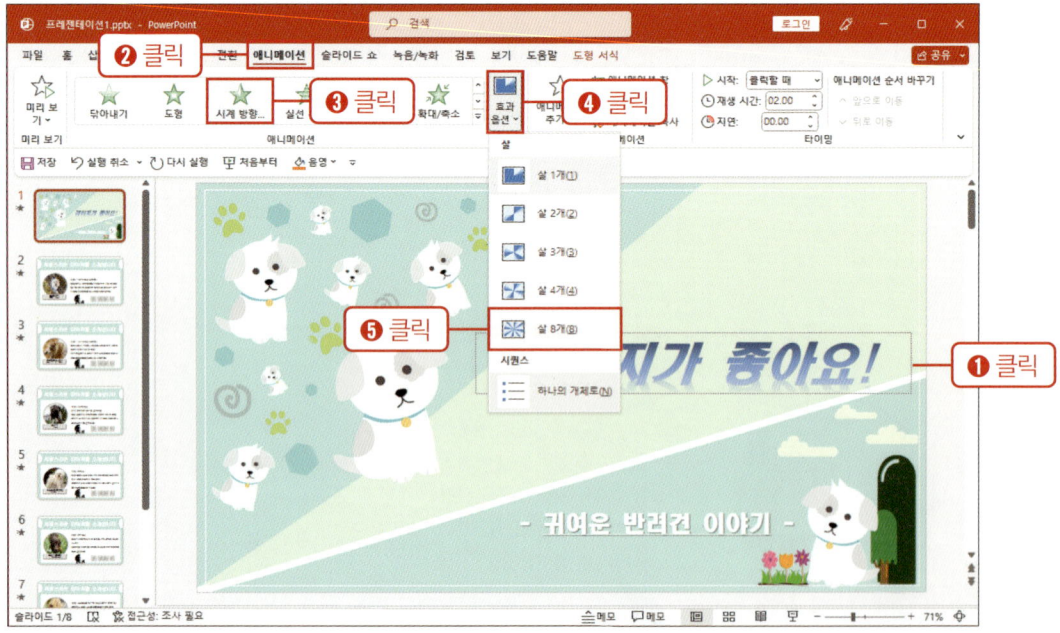

❷ 부제목 상자를 선택한 후 [애니메이션] 탭-[애니메이션] 그룹-[강조]-[흔들기]를 선택합니다.

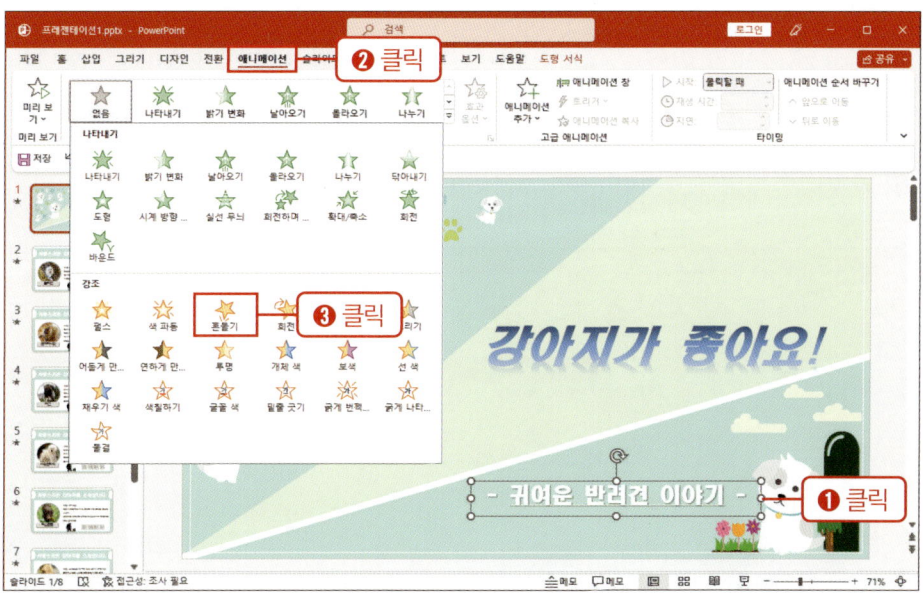

❸ '강아지' 그림을 선택한 후 [애니메이션] 탭-[애니메이션] 그룹에서 [자세히] 단추를 클릭하고 [추가 나타내기 효과]를 클릭하여 [나타내기 효과 변경] 대화상자가 나타나면 [온화한 효과]-[서서히 위로]를 선택한 후 [확인] 단추를 클릭합니다.

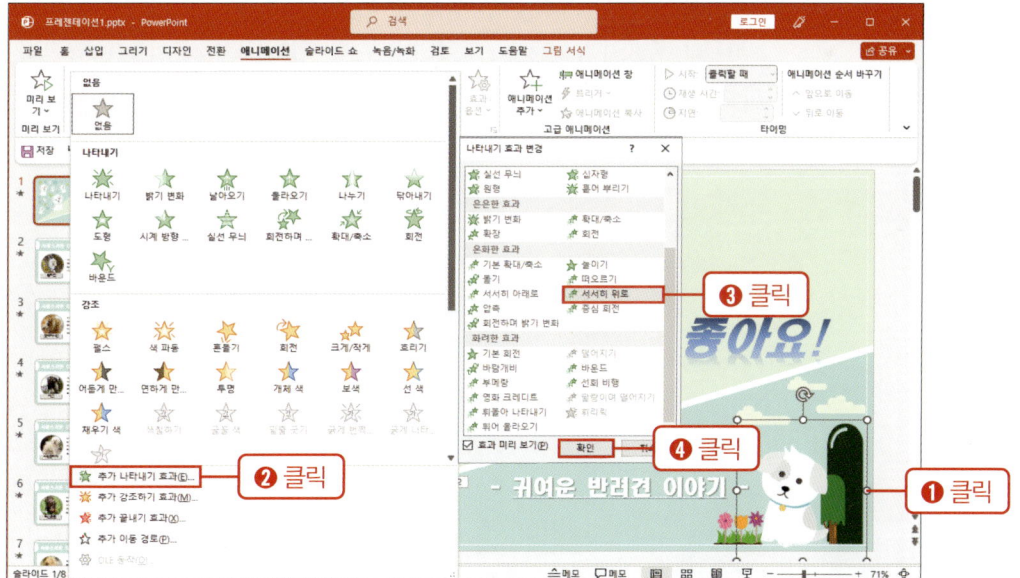

 **애니메이션 효과를 지정해 보아요.**

① 두 번째 슬라이드를 선택하고 강아지 그림이 삽입된 '타원' 도형을 선택한 후 [애니메이션] 탭-[애니메이션] 그룹-[나타내기]-[확대/축소]를 클릭합니다. 이어서 텍스트 상자를 선택한 후 [애니메이션] 탭-[애니메이션] 그룹-[강조]-[글꼴 색]을 클릭합니다.

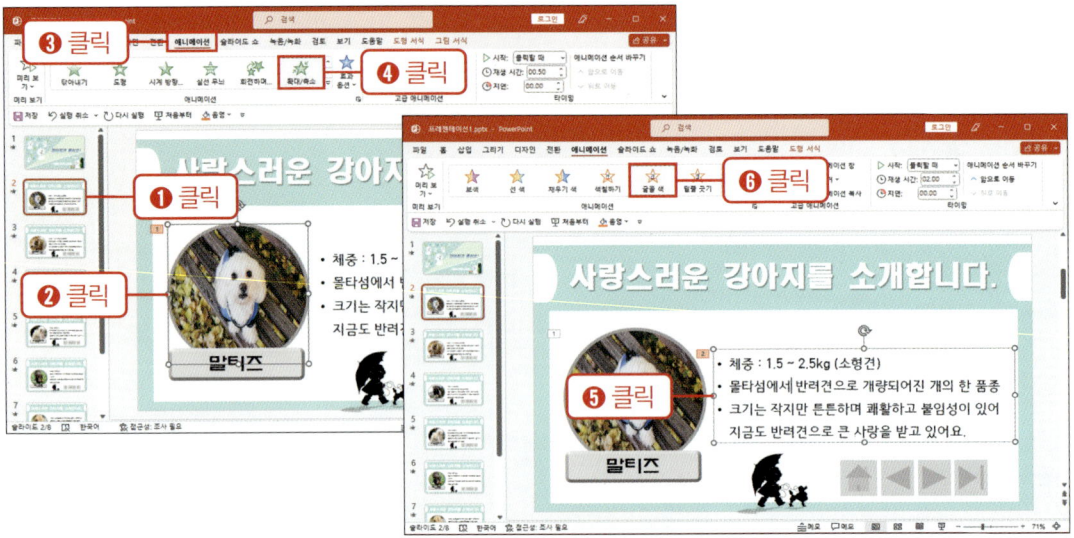

② [애니메이션] 탭-[고급 애니메이션] 그룹-[애니메이션 창]을 클릭하여 화면 오른쪽에 [애니메이션 창]이 나타나면 두 번째 애니메이션의 목록 단추(▼)를 클릭한 후 [효과 옵션]을 클릭합니다.

❸ [글꼴 색] 대화상자가 나타나면 [효과] 탭에서 [소리]를 '타자기'로 지정하고 [타이밍] 탭에서 [재생 시간]을 '1초(빠르게)'로 지정한 후 [확인] 단추를 클릭합니다.

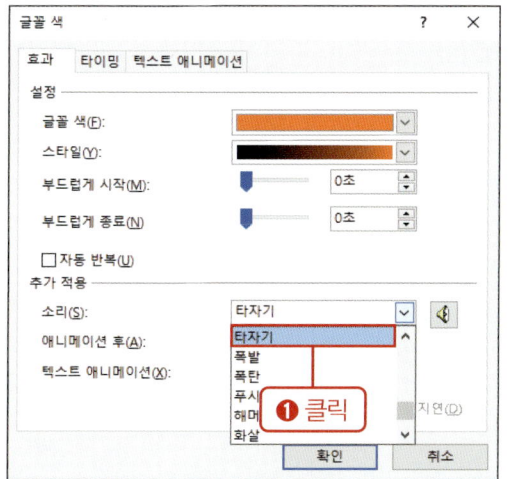
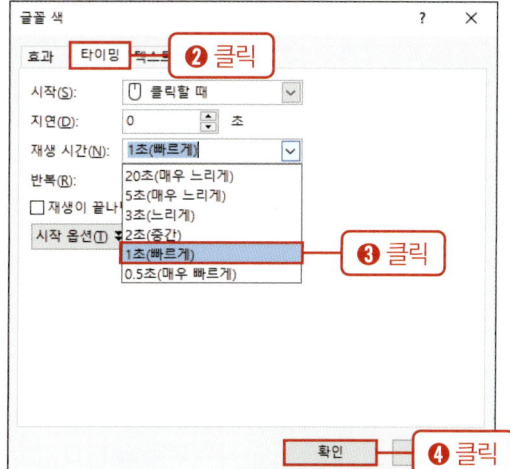

❹ [슬라이드 쇼] 탭-[슬라이드 쇼 시작] 그룹-[처음부터(🖭)]를 클릭하여 첫 번째 슬라이드와 두 번째 슬라이드에 적용된 애니메이션 결과를 확인합니다.

15 혼자 할 수 있어요!

• 예제 파일 : 15_강아지가 좋아요(혼자).pptx
• 완성 파일 : 15_강아지가 좋아요(혼자)_완성.pptx

01 예제 파일을 불러온 후 애니메이션을 이용하여 3~5번 슬라이드를 그림과 같이 작성해 보세요.

Hint
❶ [나타내기]-[회전하며 밝기 변화]
❷ [추가 나타내기 효과]-[기본 효과]-[십자형]

02 애니메이션을 이용하여 6~8번 슬라이드를 그림과 같이 완성하고 '15강_강아지가 좋아요(혼자).pptx'로 저장해 보세요.

Hint
❶ [추가 나타내기 효과]-[온화한 효과]-[돌기]
❷ [강조]-[물결]

16 미디어 클립 삽입하고 동영상으로 내보내기

학습목표

- 슬라이드에 동영상 파일을 삽입해요.
- 슬라이드에 오디오 파일을 삽입해요.
- 완성된 파일을 동영상으로 제작해요.

▶ 예제 파일 : 16_강아지가 좋아요.pptx
▶ 완성 파일 : 16_강아지가 좋아요_완성.pptx

 슬라이드에 동영상 파일을 삽입해 보아요.

① 예제 파일을 불러온 후 여덟 번째 슬라이드를 선택하고 [홈] 탭-[슬라이드] 그룹-[새 슬라이드(📄)]-[제목만]을 클릭합니다.

② 슬라이드가 추가되면 [삽입] 탭-[일러스트레이션] 그룹-[도형(🔘)]-[사각형: 둥근 모서리(🔲)]를 선택한 후 그림과 같이 도형을 삽입하고 텍스트를 입력합니다.

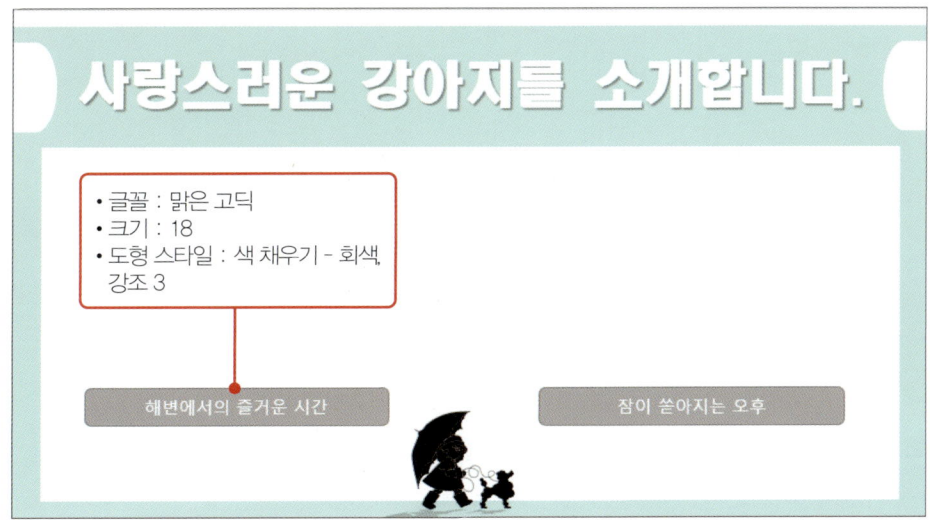

- 글꼴 : 맑은 고딕
- 크기 : 18
- 도형 스타일 : 색 채우기 - 회색, 강조 3

③ [삽입] 탭-[미디어] 그룹-[비디오(🎞)]-[이 디바이스]를 클릭하고 [비디오 삽입] 대화상자가 나타나면 '동영상1.mp4'와 '동영상2.mp4' 파일을 각각 삽입합니다.

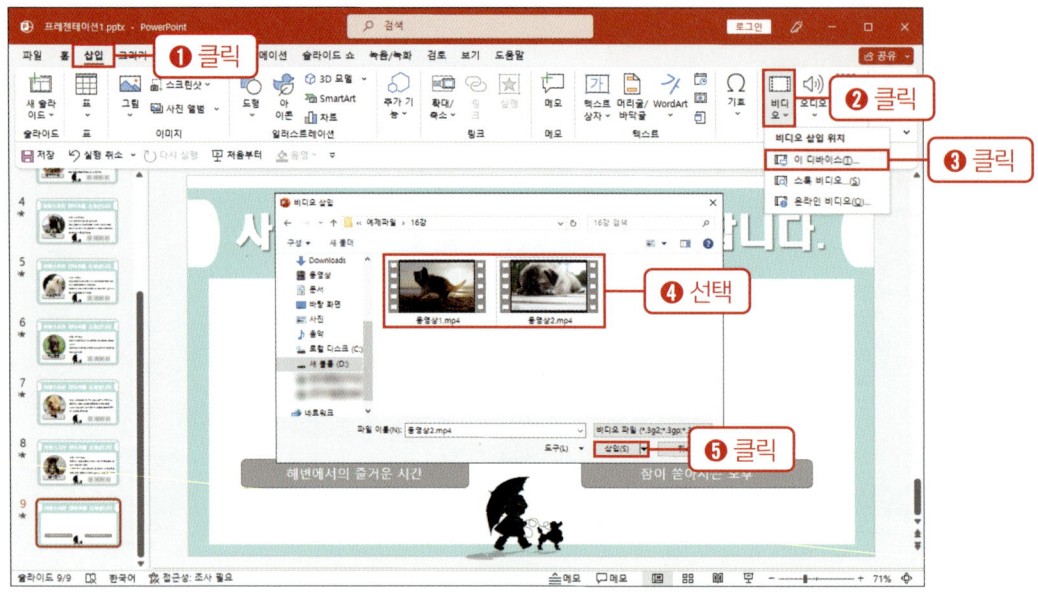

④ 동영상이 삽입되면 크기와 위치를 조절하고 Ctrl 을 누른 상태로 동영상을 각각 선택한 후 [재생] 탭-[비디오 옵션] 그룹에서 [시작]을 '자동 실행(A)'으로 지정하고 [반복 재생]에 체크합니다.

 **슬라이드에 오디오 파일을 삽입해 보아요.**

① [삽입] 탭-[미디어] 그룹-[오디오(🔊)]-[내 PC의 오디오]를 클릭하고 [오디오 삽입] 대화 상자가 나타나면 '강아지Theme.mp3' 파일을 선택한 후 [삽입] 단추를 클릭합니다.

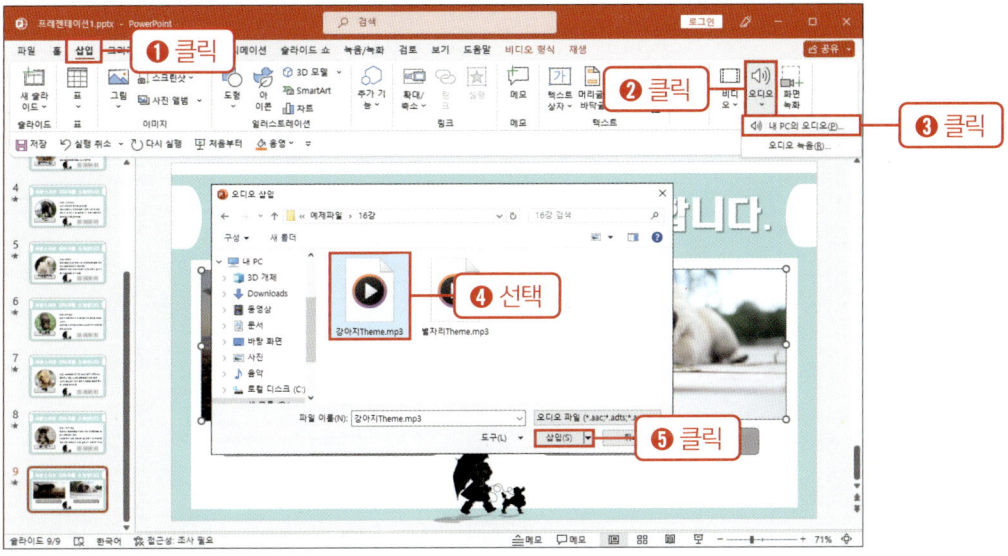

② 슬라이드에 스피커 아이콘(🔊)이 표시되면 아이콘을 선택한 후 [재생] 탭-[오디오 옵션] 그룹에서 [시작]을 '자동 실행(A)'으로 지정하고 [반복 재생]에 체크합니다.

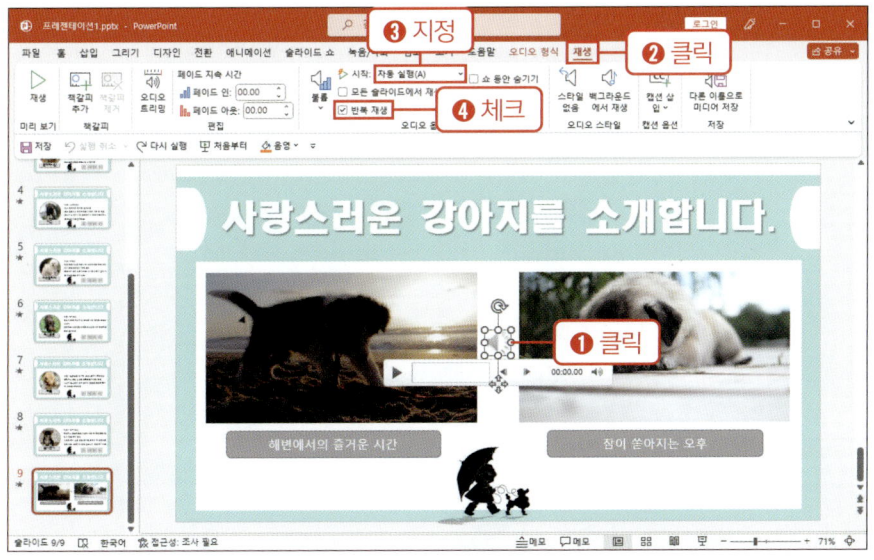

③ [슬라이드 쇼] 탭-[슬라이드 쇼 시작] 그룹-[처음부터(▶)]를 클릭하여 결과를 확인합니다.

미션 3 슬라이드를 동영상 파일로 저장해 보아요.

❶ [파일] 탭-[내보내기]-[비디오 만들기] 메뉴를 클릭한 후 [각 슬라이드에 걸린 시간(초)]를 '04.00'으로 지정하고 [비디오 만들기] 단추를 클릭합니다.

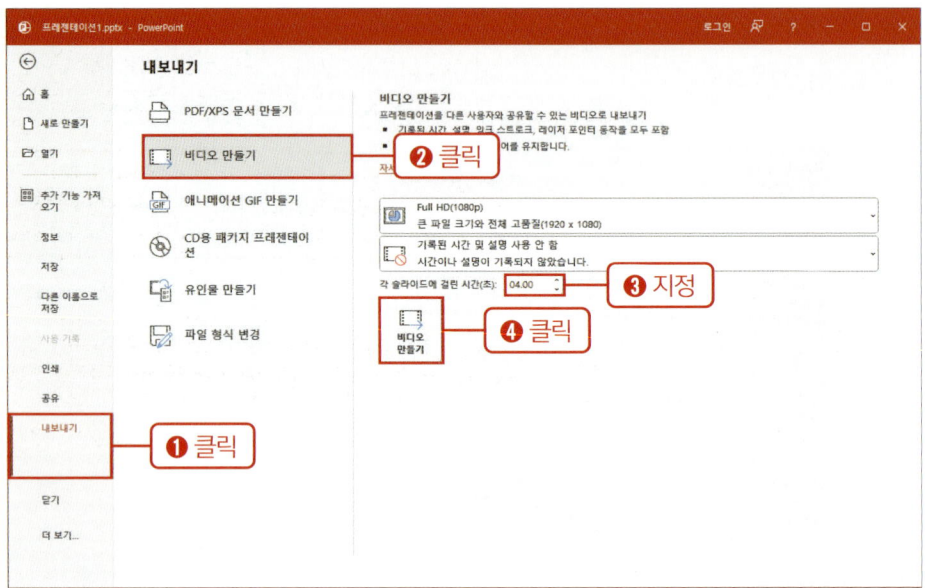

❷ 저장된 동영상 파일을 재생하여 결과를 확인합니다.

혼자 할 수 있어요!

• 예제 파일 : 16_별자리(혼자).pptx
• 완성 파일 : 16_별자리(혼자)_완성.pptx, 16_별자리(혼자)_완성.mp4

01 예제 파일을 불러온 후 첫 번째 슬라이드에 '별자리Theme.mp3' 파일을 삽입하고 내보내기 기능을 이용하여 동영상을 만들어 보세요.

01 솜씨 어때요?

• 완성 파일 : 솜씨어때요01_완성.pptx

01 파워포인트 프로그램에서 스마트 아트를 이용하여 그림과 같이 만들어 보세요.

- 글꼴 : 휴먼모음T
- 크기 : 72
- 속성 : 텍스트 그림자

- 글꼴 : 휴먼옛체
- 크기 : 40

▲ 슬라이드 1

- 글꼴 : HY엽서M
- 속성 : 굵게, 기울임꼴, 텍스트 그림자
- 텍스트 효과 : [변환], [네온] 효과 사용

▲ 슬라이드 2

- 글꼴 : 휴먼옛체
- 속성 : 굵게, 텍스트 그림자
- 텍스트 효과 : [반사] 효과 사용

Hint
- '어린이 테마' 테마 삽입
- [예제 파일] 폴더에서 그림 삽입

▲ 슬라이드 3

• 완성 파일 : 솜씨어때요02_완성.pptx

01 파워포인트 프로그램에서 여러 가지 도형을 이용하여 그림과 같이 만들어 보세요.

▲ 슬라이드 1

▲ 슬라이드 2

Hint

'타원', '구름', '막힌 원호', '사각형: 둥근 모서리', '직사각형', '눈물 방울', '순서도: 지연', '순서도: 수동 연산', '부분 원형', '별: 꼭짓점 5개', '생각 풍선: 구름 모양', '말풍선: 타원형', '선', '원호' 도형 이용

• 완성 파일 : 솜씨어때요03_완성.pptx

01 파워포인트 프로그램에서 표를 이용하여 그림과 같이 만들어 보세요.

Hint
- [슬라이드 방향]-[세로] 지정
- [빈 화면] 레이아웃 선택
- '열 개수 : 17', '행 개수 : 17'의 표 삽입

• 완성 파일 : 솜씨어때요04_완성.pptx

01 파워포인트 프로그램에서 표와 차트를 삽입하여 그림과 같이 만들어 보세요.

• 글꼴 : HY헤드라인M
• 크기 : 66

• 글꼴 : 휴먼편지체
• 크기 : 25
• 속성 : 굵게, 가운데 맞춤

▲ 슬라이드 1

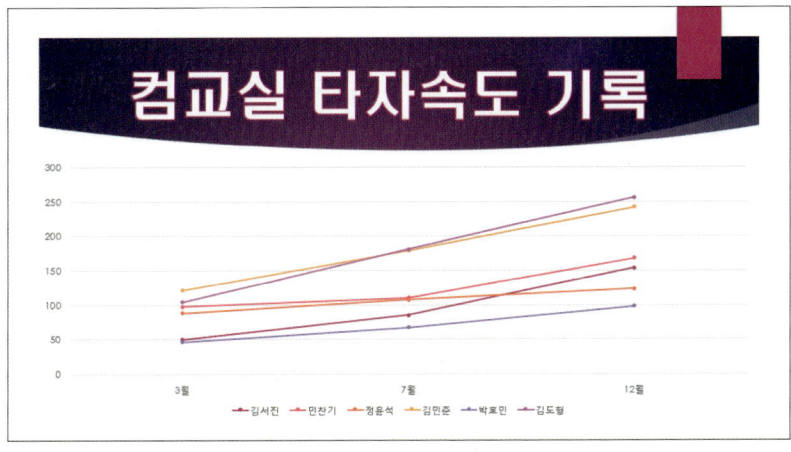

▲ 슬라이드 2

Hint
- [제목만] 레이아웃 선택
- '이온(회의실)' 테마 선택
- 차트 종류 : 표식이 있는 꺾은선형
- 차트 레이아웃 : 레이아웃 4
- 차트 스타일 : 스타일 12

솜씨 어때요? **85**

05 솜씨 어때요?

• 완성 파일 : 솜씨어때요05_완성.pptx

01 파워포인트 프로그램에서 워드아트와 도형을 삽입하여 그림과 같이 만들어 보세요.

▲ 슬라이드 1

▲ 슬라이드 2

Hint

- [빈 화면] 레이아웃 선택
- 워드아트 삽입 : 채우기: 주황, 강조색 2, 윤곽선: 주황, 강조색 2/무늬 채우기: 파랑, 강조색 1, 50%, 진한 그림자: 파랑, 강조색 1
- '직사각형', '사각형: 둥근 모서리' 도형 삽입
- [예제 파일] 폴더에서 그림 삽입

06  솜씨 어때요?

• 완성 파일 : 솜씨어때요06_완성.pptx

01 파워포인트 프로그램에서 도형과 이미지를 삽입하여 그림과 같이 만들어 보세요.

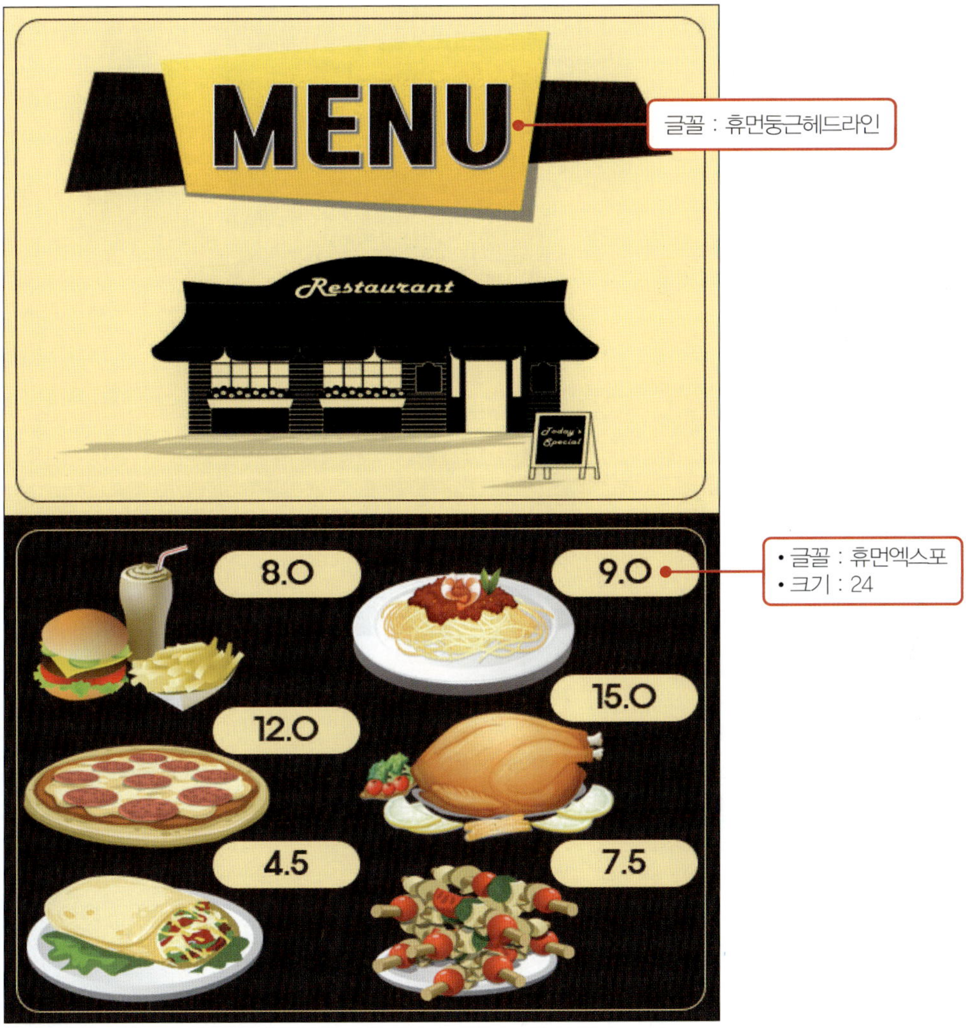

- 글꼴 : 휴먼둥근헤드라인
- 글꼴 : 휴먼엑스포
- 크기 : 24

Hint
- [빈 화면] 레이아웃 선택
- 워드아트 삽입 : 채우기: 검정, 텍스트 색 1, 윤곽선: 흰색, 배경색 1, 진한 그림자: 흰색, 배경색 1
- '직사각형', '사각형: 둥근 모서리', '순서도: 수행의 시작/종료' 도형 삽입
- [예제 파일] 폴더에서 그림 삽입

07 솜씨 어때요?

• 완성 파일 : 솜씨어때요07_완성.pptx

01 파워포인트 프로그램에서 이미지와 오디오 삽입을 이용하여 그림과 같이 만들어 보세요.

Hint
- [빈 화면] 레이아웃 선택
- 제목 : 워드아트 삽입('그라데이션 채우기: 황금색, 강조색 4, 윤곽선: 황금색, 강조색 4)
- '사각형: 빗면' 도형 삽입
- 그림 효과 : [네온] 효과 사용
- [예제 파일] 폴더에서 그림 삽입

▲ 슬라이드 1

Hint
- 애니메이션 효과 적용
  - 호랑이(나타내기 - 닦아내기)
  - 타조(나타내기 - 밝기 변화)
  - 원숭이(나타내기 - 회전)
  - 새(나타내기 - 시계 방향 회전)
  - 강아지(나타내기 - 바운드)
- [예제 파일] 폴더에서 오디오 삽입

▲ 슬라이드 2

08  솜씨 어때요?

• 완성 파일 : 솜씨어때요08_완성.pptx

01 파워포인트 프로그램에서 스마트 아트를 이용하여 그림과 같이 만들어 보세요.

▲ 슬라이드 1

Hint
- SmartArt 종류 : [프로세스형]-[그림 강조 프로세스형]
- SmartArt 스타일 : [3차원]-[광택 처리]
- 색 변경 : [색상형]-[강조색]

▲ 슬라이드 2

Hint
- SmartArt 종류 : [목록형]-[가로 그림 목록형]
- SmartArt 스타일 : [3차원]-[만화]
- 색 변경 : [색상형]-[색상형 범위 - 강조색 5 또는 6]

예

초등 전과목
디지털학습 플랫폼

디지털 초끄

첫 달 100원
무제한 스터디밍

지금 신규 가입하면
첫 달 ~~9,500원~~ → 100원!

초등 전과목
교과 학습

AI 문해력
강화 솔루션

AI 수학 실력
향상 프로그램

웹툰으로 만나는
학습 만화

초중고 교과서 발행 부수 1위 기업 **MiraeN**

초등 전과목
디지털학습 플랫폼

디지털 초구

첫 달 100원
무제한 스터디밍

지금 신규 가입하면
첫 달 ~~9,900원~~ → 100원!

초등 전과목
교과 학습

AI 문해력
강화 솔루션

AI 수학 실력
향상 프로그램

웹툰으로 만나는
학습 만화

초중고 교과서 발행 부수 1위 기업 **MiraeN**